막힌 인생을 뚫는 법

막힌 인생을 뚫는 법

© 신성민, 2023

초판 1쇄 발행 2023년 7월 29일
2쇄 발행 2023년 8월 17일

지은이   신성민
펴낸이   이기봉
편집   좋은땅 편집팀
펴낸곳   도서출판 좋은땅
주소   서울특별시 마포구 양화로12길 26 지월드빌딩 (서교동 395-7)
전화   02)374-8616~7
팩스   02)374-8614
이메일   gworldbook@naver.com
홈페이지   www.g-world.co.kr

ISBN   979-11-388-2137-7 (03190)

막힌 인생을 뚫는 법

신성민 지음

좋은땅

일찍 천국으로 떠난 누나의

영정 앞에 드립니다

작은 컵 안에 물이 담겨 있습니다. 그 안에 더 작은 사람이 빠졌습니다. 그 사람은 발버둥 치며 허우적댑니다. 코와 입으로 물이 밀려듭니다. 밀려드는 물을 뱉어 내기도 벅찬데, 해결 방안을 생각할 여유가 없습니다. 컵 밖으로 빠져나가지 않는 이상 그 사람에게 남은 것은 침전(沈澱)뿐입니다.

인생에 닥친 고난도 마찬가지입니다. 고난의 당사자는 그 정도와 크기를 가늠할 여유가 없습니다. 온몸을 내던져 하루하루를 살아 낼 뿐입니다. 처음엔 실수였는데 어느덧 실패가 되어 버리고, 실패가 쌓이니 삶의 의지를 잃습니다. 방향이 없으니 출구도 없어지고, 결국 막힌 인생이 되어 버리고 맙니다.

컵 밖으로 나가야 합니다. 그러기 위해서는 컵이 어떻게 생겼는지, 재질은 무엇인지, 발 디딜 홈이 있는지 살펴야 합니다. 같은 컵에 갇혀 있다가 빠져나간 경험담이라든지, 같은 실수를 반복하지 않게 해 주는 탈출 실패담은 컵 밖으로 나가는 데 큰 도움이 될 것입니다.

신성민 작가님의 『막힌 인생을 뚫는 법』은 발버둥 치고 허우적대는 사람들에게 컵의 모양을 설명합니다. 단계별로 지금 빠져 있는 상황과 모습, 빠져나올 수 있는 구체적인 방안도 제시합니다. 작가님의 개인적인 경험과 철학은 물론이고, 동서양의 고사, 명언, 일화를 적재적소에 넣어 두었습니다.

요즘 잘 팔리는 책들은 크게 두 가지 부류인 것 같습니다. 한 부류는 실용서인데, 당장 눈앞에 닥친 시험에서 높은 점수를 얻거나 취업하기 위한 수단으로 쓰이는 책입니다. 다른 한 부류는 고단한 사람들을 위로하는 에세이인데, 구체적인 방법론이 없는 감성적인 책입니다.

이 책은 구체적인 방법론이 있어 즉각 인생에 써먹을 수 있으면서도 고단한 독자를 위로한다는 점이 특징입니다. 차분하고 담담한 어조로 작가님이 제시하는 방법론을 따라가다 보면, 역사적 인물들이, 유명인이, 나와 같은 경험을 했던 사람들이 해주는 위로가 느껴집니다.

모든 것이 가볍고 빠르게 변화하는 시대입니다. 그런 시대에

막힌 인생을 뚫는 법

도 변하지 않는 것이 있습니다. 바로 '나' 자신입니다. 막힌 인생을 살고 있지 않더라도, 자신을 등불로 삼아 머뭇거리지 않고 전진하기 위해서는 '나'의 밖에서 '나'를 바라보는 여유가 꼭 필요합니다.

이 책을 두 번 읽었습니다. 첫 페이지부터 마지막 페이지까지 통독했고, 제 상황에 맞는 제목을 찾아 발췌독하였습니다. 개인적으로 발췌독이 더 좋았습니다. 책에 적힌 일화나 영화 이야기 중 마음에 드는 부분은 따로 찾아보기도 했는데, 작가님은 행간이 주는 여운의 맛을 잘 아시는 듯합니다.

이 책을 읽고 제가 어떤 사람인지 생각하게 됐습니다. 이윽고 어릴 적 할머니께서 손을 따 주셨던 것처럼 시원한 트림이 나왔습니다. 아마도 막혀 있던 것이 '뻥' 하고 뚫린 모양입니다. 이 책을 통해 '나'를 돌아볼 시간을 가지는 한편 저처럼 '꺼억' 하는 시원함을 만끽하시기 바랍니다.

도진수 대표변호사(청백 공동법률사무소)

Winter turns to Spring

영화 〈행복을 찾아서(The pursuit of happiness)〉(2007)의 주인공 크리스 가드너는 뛰어난 수학적 재능을 가졌지만 순탄치 않은 삶을 살았습니다. 20대에 의료기기 방문 판매원으로 활동했지만 실적은 형편없었고, 가정불화로 아내마저 떠났습니다. 벼랑 끝에 내몰린 가드너는 우연한 기회에 한 증권사의 주식중개인 인턴에 지원해 합격합니다. 수중에 남은 돈은 고작 21달러 33센트. 어린 아들을 안고 지하철역 화장실에서 노숙을 하는 등 최악의 상황으로 내몰렸지만, 그는 결코 포기하지 않았습니다. 악전고투 끝에 가드너는 치열한 경쟁을 뚫고 딘 위터 레이놀즈의 주식중개인으로 입사합니다. 그리고 짧게나마 진정한 행복을 느끼며 영화가 마무리됩니다.

여기까지가 대략적인 영화의 줄거리입니다. 이후에는 어떻게 됐냐고요?

실존 인물인 크리스 가드너는 주식중개인으로 큰 성공을 거두고 뒤늦게 거부가 됩니다. 나아가 자신의 회사인 홀딩스 인터내셔널을 설립하여 승승장구하였습니다. 가드너는 어려웠던 시절을 잊지 않고 노숙자를 돕는 자선단체에 통 큰 기부를 하는 것으로도 유명합니다. 그야말로 기적 같은 역전의 삶을 살고 있다고 볼 수 있습니다.

사람은 태어나 살고 죽습니다. 우리가 어디서 연하여 출생하고, 죽어서 어디로 가는지는 알 수 없습니다. 살아 있으니 살아갈 뿐이라는 말이 최선의 답변입니다. 주어진 조건, 환경, 재능이 각기 다르고, 삶의 지향점과 가치관도 해변의 모래알만큼 다채롭습니다.

인생의 여로에서 가장 피하고 싶은 것이 고난입니다. 가난과 궁핍 등 갖가지 어려움은 순전히 나의 잘못으로 초래되기도 하고, 그렇지 않은 경우도 있습니다. 인생의 인과(因果)는 단선적이지 않습니다. 하나의 원인이 하나의 결과로 이어지는 일차방정식이 아닌, 무궁무진한 변수와 역학관계를 내포한 고차방정식과 같습니다. 모든 원인이 나에게 귀속되어 있다는 생각은 착각입니다. 계절의 변화는 나의 의지와 상관없이 순행하며, 기후에 따라 결과가 크게 달라집니다. 겨울에 뿌린 씨앗은 아무리 노력해도 제대로 생장할 수 없습니다. 반대로 봄과 여름에는 별다른 노력을 기울이지 않아도 무성하게 자라납니다. 따라서 겨울에는 겨울에 맞게, 여름에는 여름에 걸맞게 행동해야 합니다. 계절 감각을 놓치면 패착을 두게 되고, 그만큼 결실이 줄어듭니다.

확실한 사실은 계절이 늘 바뀐다는 겁니다. 겨울이 지나면 필연적으로 봄이 옵니다. 어려움이 줄고 조력자는 늘어나며, 하는 일은 순풍에 돛 단 듯 부드럽게 풀려 나갑니다. 겨울을 잘 보낼수록 봄과 여름에 받는 보상이 커지게 됩니다. 따라서 인생의 겨울을 잘 견뎌 내고 극복할 수 있는 용기와 지혜가 필요합니다. 겨울 추위에 쓰러지지 않는다면 반드시 봄이 찾아오니까요. 피할 수 없다면 현명하게 대응해서 잘 넘기는 것이 최선입니다. 아무리 강한 동장군도 봄바람을 이길 수 없습니다.

크리스 가드너의 인생 초반부는 고난과 실패의 연속이었습니다. 영화에서는 나오지 않았지만 실제로 가드너는 어린 시절 무척이나 폭력적인 아버지 아래에서 많은 고통을 겪었습니다. 청년기에는 손대는 일마다 실패를 거듭했으며, 무엇 하나 제대로 풀리는 일이 없었습니다. 그가 영화 내내 들고 다니는 골밀도 측정기는 당시 한물간 의료기기에 불과했습니다. 아무리 노력해도 잘 팔릴 만한 상황이 아니었습니다. 닳아빠진 양복을 입고 한 손에는 고장 난 골밀도 측정기를 들고 다니며, 어린 아들과 함께 노숙자 쉼터를 전전하던 그는 불과 십수 년 뒤 대부대귀(大富大貴)한 사업가로 탈바꿈했습니다.

가드너의 젊은 시절은 그야말로 혹한이 몰아닥치는 깊은 겨울이었습니다. 하지만 그는 희망을 잃지 않았고, '포기하지 않겠다'는 자세로 언젠가 찾아올 인생의 봄을 기다렸습니다. 선한 마음과 불굴의 투지, 현명한 선택으로 역경을 돌파했습니다. 현재

막힌 인생을 뚫는 법

그가 누리는 부(副)와 복락은 겨울을 지혜롭게 극복한 사람에게 주어지는 삶의 훈장입니다.

지금 인생의 겨울을 맞이했다면 현상에 집중하지 말고 너머의 본질을 바라보십시오. 겨울은 영원히 지속되지 않습니다. 희망을 가지고 밝은 마음을 잃지 않도록 해야 합니다. 사람은 빈곤과 풍요, 어떠한 상황에서도 올바르게 처신할 수 있어야 합니다. 겨울을 성장통으로 여기고, 반전의 기회로 삼으십시오. 그러면 반드시 전화위복이 되어 가드너와 같은 반전이 여러분의 삶에서도 일어날 것입니다.

끝으로 이 원고를 마무리할 수 있도록 소중한 집필공간을 제공하여 주신 법무법인 선경의 박시형 변호사님께 감사의 인사를 드립니다.

목
차

● PART 1 겨울의 시작

====================================

● PART 2 자세

====================================

● PART 3 행동

● PART 4 겨울의 끝

PART 1

겨울의 시작

1. 인생의 계절은 순환한다

운명은 계절과 같이 순환합니다.

살다 보면 잘 풀리는 시기도 있고 그렇지 못한 시기도 있습니다. 뜻하지 않게 '대박' 결과가 나오는 경우가 있는 반면, 아무리 발버둥 쳐도 손에 쥐는 게 없을 때도 있습니다. 굳이 비유하자면 전자는 인생의 결실을 맺는 가을, 후자는 겨울이라고 볼 수 있습니다.

계절이 언제, 어떻게 바뀔지는 아무도 모릅니다. 어느 때에 겨울 또는 봄을 맞이할지 우리는 알 수 없습니다. 인생의 절정기에 갑자기 횡액이 덮치는가 하면, 완전히 바닥으로 떨어졌다고 생각할 때 뜻밖의 반전이 일어나기도 합니다.

젊은 시절 잘나가는 사람이 있는 반면, 온갖 고생을 하다 뒤늦게 풍족함을 누리는 사람도 있습니다. 살면서 유난히 많은 곡절을 겪는 사람이 있는 반면, 비교적 풍파 없이 무난한 삶을 사는 사람도 있습니다.

자연은 공평하지 않습니다. 사회적 가치와 자연의 이치를 구

막힌 인생을 뚫는 법

분해야 합니다. 우리가 교실에서 배우는 평등은 사람들이 지향하는 인위적인 가치입니다. 현실은 불편부당(不偏不黨)하지 않으며 훨씬 냉혹합니다.

태어나기도 전에 어머니 배 속에서 죽는 아기가 있는 반면, 백세가 넘도록 장수하는 사람이 있습니다. 장애를 안고 태어나 평범한 일상조차 영위하기 어려운 사람이 있는 반면, 남들보다 두세 배 뛰어난 운동신경을 갖춘 사람도 있습니다. 네 자리 곱셈도 암산으로 너끈히 해내는 사람이 있는 반면, 간단한 산수조차 힘들어하는 사람이 있습니다.

이러한 차이를 전부 개인이나 제도 탓으로 돌리기는 어렵습니다. 게으른 천성을 가지고 태어난 것도, 해묵은 부조리가 켜켜이 쌓인 나라에 태어난 것도 애초에 삶이 공평하지 않다는 사실을 조용히 말해 줍니다.

이 때문에 사람들은 조심스레 '운명'이라는 말을 꺼냅니다. 주어진 상황의 굴레에서 좀처럼 헤어나올 수 없기 때문입니다. 아무리 분투해도 천형(天刑)처럼 따라붙는 운명은 처음부터 사람의 의지와 무관하게 순환합니다. 이런 사실은 때때로 사람들에게 무력감을 안겨줍니다. "아무리 해도 팔자는 못 고친다"는 자조 섞인 속담처럼 말입니다. 하지만 마음먹기에 따라 자신의 삶을 긍정적으로 바꿀 수 있다는 점을 말씀드리고 싶습니다.

완벽한 사람은 존재하지 않습니다. 태양 아래에서 살아가는 모든 사람은 예외 없이 고민과 고충을 안고 있습니다. 많은 권력과 재물도 인간의 본질적인 결손(缺損)을 채워 주지 못합니다. 삶은 그 자체가 하나의 도전이고, 풀어야 할 숙제입니다.

백범 김구 선생金九, 1876~1946은 젊은 시절 과거를 보아 관직에 나가려 했습니다. 하지만 연거푸 고배를 마신 뒤, 매관매직이 성행하던 세태에 염증을 느끼고 공직의 꿈을 접었습니다. 그 뒤 관상학을 공부하면서 자신의 얼굴을 살펴봤는데, 이모저모 뜯어봐도 거지상(像)이라는 결과를 얻었습니다.

백범은 다시 자신의 사주를 풀어 보았습니다. 그래도 여전히 한 치의 오류도 없는 완벽한 '거지 팔자'였습니다. 실망한 선생은 자신의 운명을 원망하고 저주했습니다.

"아무리 노력해도 빈천한 삶에서 벗어날 수 없는 걸까?"

한탄하던 백범은 우연히 관상책의 한 귀퉁이에서 다음과 같은 구절을 보게 됩니다.

"상호불여신호 신호불여심호(相好不如身好 身好不如心好)"

풀이하자면 관상이 좋은 것이 몸이 좋은 것만 못하고, 몸이 좋은 것이 마음이 좋은 것만 못하다는 의미입니다.

"관상과 사주는 어찌할 수 없지만 마음은 내 의지대로 할 수 있지 않을까?"

막힌 인생을 뚫는 법

임시정부의 마지막 청사였던 서대문 경교장의 모습.
백범은 이곳에서 안두희의 흉탄에 맞아 서거하였다

깨달음을 얻은 백범은 좋은 심상(心象)을 갖춰야겠다고 결심했습니다. 백범이 살아간 인생 궤적을 더듬어 보면 '거지 팔자'가 꼭 틀렸다고는 말하기 어렵습니다. 임시정부를 이끌며 평생 이역만리 타국을 떠돌았으니까요. 하지만 백범은 대의에 헌신해 자신의 운명을 멋지게 역전시켰습니다. 백범은 운명에 끌려다니지 않았습니다. 현상은 비슷해 보일지 몰라도 본질이 다릅니다. 이곳저곳 떠돌긴 했지만 우리는 백범을 거지가 아닌 위대한 민족지도자로 기억합니다.

몇 해 전 〈냉장고를 부탁해〉(JTBC 방영)라는 프로그램이 인기리에 방영되었습니다. 유명 셰프들이 출연자의 냉장고에 있는 재료만 활용해 다양한 요리를 만드는 내용입니다. 단 출연자는 자신의 집에 있는 냉장고를 있는 그대로 가져와야 합니다. 방송에 나온다고 갑자기 재료를 추가하거나 버릴 수 없습니다.

출연자의 냉장고에는 별 볼 일 없는 식자재만 있는 경우도 많았습니다. 하지만 셰프들은 이런 재료만으로도 최고의 요리를 만들어, 보는 사람들로 하여금 절로 감탄사가 나오게 했습니다. 묵혀 둔 시금치나 먹다 남은 어묵이 풍미 넘치는 고급스러운 요리로 거듭나는 장면이 프로그램의 백미입니다.

삶도 마찬가지입니다. 조건과 환경이 나쁘다고 자책할 필요가 없습니다. 중요한 건 마음가짐입니다. 환경에 장악당하지 않고, 주어진 자원을 활용해 최고의 삶을 살겠다는 굳은 의지가

막힌 인생을 뚫는 법

필요합니다. 마치 형편없는 식재료만 주어졌지만, 남들이 상상조차 하지 못한 멋진 요리를 선보이는 셰프들처럼 말이죠.

긍정적 자세는 '인생의 겨울'을 나는 데 필수적입니다. 질병, 파산, 불합격, 이혼 등 불운의 모습으로 찾아오는 냉혹한 겨울은 그 누구도 피할 수 없습니다. 인생의 겨울을 무사히 넘겨야 따뜻한 봄도, 결실을 맺는 가을도 맞이할 수 있습니다. 겨울 추위에 무너지면 삶은 회복 불가능한 국면으로 접어들게 됩니다.

겨울을 통과한 사람과 그렇지 않은 사람은 큰 차이가 있습니다. 어린 나이에 화려한 스포트라이트를 받게 되면 교만해지기 쉽습니다. 자고(自高)하는 마음은 나무에 걸리는 사슴의 뿔처럼 남은 인생을 옭아맬 수 있습니다. '젊어 고생은 사서도 하라'는 말이 괜히 나온 게 아닙니다. 시련을 통해 내면을 단단하게 다져야 복을 받을 수 있습니다.

이 책은 한 번쯤 살면서 마주하게 될 '인생의 겨울'에 관한 이야기입니다. 계절처럼 순환하는 운명 속에서 필연적으로 겪는 혹독한 겨울. 겨울을 막을 순 없어도 버티는 방법은 있습니다. 이 책을 통해 추운 겨울을 극복하는 데 조금이나마 도움이 될 수 있는 작은 지혜가 전달되었으면 좋겠습니다.

2. 겨울이 오기 전에는 징조가 있다

사람의 운명은 계절처럼 돌고 돕니다. 처음부터 끝까지 나쁘기만 한 인생은 많지 않습니다. 남루한 옷을 걸치고 끼니를 해결하기 위해 이곳저곳 떠돌아다니는 노숙자들도 한때 잘나가던 시절이 있었을지 모릅니다. 사연 없는 사람과 평계 없는 무덤은 없습니다. 그런데 그들은 지금 왜 차디찬 길바닥을 헤매고 있을까요.

'인생의 겨울'을 제대로 버텨 내지 못했기 때문입니다. 겨울이 오는 건 막을 수 없습니다. 강도는 다를지라도 누구에게나 겨울이 찾아옵니다.

겨울이 오는 시기와 때는 아무도 모릅니다. 더러는 유년기를 혹독하게 보내기도 하고, 청년기나 장년기에 시련을 겪을 수도 있습니다. 평생을 순탄하게 살다가 노년에 이르러서 재앙을 맞는 사람도 있습니다.

중요한 것은 언젠가 겨울이 찾아온다는 것이고, 이 겨울을 어떻게 보내느냐에 따라 삶이 완전히 달라진다는 겁니다. 따라서

막힌 인생을 뚫는 법

잘나갈 때일수록 겨울을 대비해야 하고, 지금 겨울을 보내고 있다면, 곧 봄이 찾아온다는 희망을 품고 참을성 있게 기다려야 합니다.

모든 일에는 징조가 있습니다. 동장군이 찾아오기 전에도 몇 가지 전조 현상이 나타납니다. 『주역』의 「곤괘(坤卦)」 「초효(初爻)」에는 "이상견빙지(履霜堅氷至)"라는 말이 나옵니다. "서리를 밟으면 얼음이 얼 것을 안다"는 뜻입니다. 가을 낙엽 사이에 서리가 내리면 곧 겨울이 온다는 사실을 나타내므로 만반의 준비를 해야 한다는 메시지를 담고 있습니다.

'하인리히 법칙'도 동일한 교훈을 전달합니다. 미국의 한 보험회사 직원이었던 허버트 하인리히^{Herbert William Heinrich, 1885~1962}는 총 7만 5천 건의 산업재해를 분석한 결과 대규모 재해가 발생하기 전 같은 원인으로 29번의 사고가 발생하고, 똑같은 원인으로 부상을 일으킬 뻔한 사건이 300번가량 나온다는 '1:29:300'의 법칙을 발표했습니다. 큰 사고 전에는 항상 전조 현상이 있기 때문에, 위험을 조기에 감지하고 선제적으로 예방해야 대형 참사를 면할 수 있다는 겁니다.

그럼 인생이 겨울로 진입하기 전에는 어떤 징조가 나타날까요?

두드러지는 현상은 주위의 조력자들이 사라진다는 겁니다. 겨울은 내 힘이 약해지는 시기입니다. 중력이 약해지면 나의 세력권에 속해 있던 인연들이 하나둘 떨어져 나갑니다.

전국시대 사군자 중 한 명이었던 제나라의 맹상군은 한때 식객의 수가 3천 명에 달했습니다. 당시 식객들은 개인적인 자문을 제공하는 참모이자 예비 관리로서 일종의 인재풀(pool) 역할을 했습니다. 그런데 한번은 맹상군이 진(晉)나라의 이간질 계략에 걸려 재상 자리를 잃게 되자 많은 식객들이 맹상군을 등지고 떠났습니다. 이후 오해가 풀려 지위가 회복되자 떠났던 식객들이 되돌아왔는데, 맹상군은 "내가 관직을 잃자 하루아침에 나를 버리고 떠난 이들이 무슨 낯으로 다시 돌아온단 말인가. 그들의 얼굴에 침을 뱉어 모욕을 주겠다"라고 화를 내었습니다.

그러자 맹상군의 책사였던 풍환이 조용히 말했습니다.

"아침에는 시장이 북적거리며 들어가기 어려우나 해가 저문 저녁에는 시장을 쳐다보지도 않습니다. 이는 사람들이 아침을 좋아하고 저녁을 싫어해서가 아닙니다. 저녁에는 볼 만한 물건이 없기 때문입니다. 공께서 지위를 잃으니 빈객들이 다 떠나갔는데, 이것을 가지고 선비들을 원망할 필요가 없습니다."

사람의 기세는 중력(Gravity)과 같습니다. 힘이 있을 때(돈과 권력이 있을 때)는 많은 사람들을 끌어당길 수 있습니다. 언제나 사람들로 넘쳐납니다. 반대로 세력이 약해지면 모였던 사람들이 썰물처럼 빠져나갑니다. 부모, 형제, 친구, 동업자 등 내게 힘이 되어 주는 조력자들은 삶을 유지시켜 주는 버팀목입니다. 이들이 떠나거나 사라지면 인생의 겨울이 눈앞에 왔음을 깨달아야 합니다.

귀인(貴人)이 떠난 자리는 주로 악연이 차지합니다. 좋지 않은 사람과 인연하면 잘 풀리던 일들도 꼬이게 됩니다. 이것이 두 번째 징조입니다. '좋지 않은 사람'은 사기꾼이나 자기 잇속만 챙기는 사람만 가리키는 게 아닙니다. 좀처럼 상호작용이 잘 이뤄지지 않는 사람들도 포함됩니다. 흔히 '나와 잘 맞지 않는다'는 표현을 쓰기도 합니다. 인연은 상대적입니다. 내게 안 좋은 사람이 남에게는 귀한 인연일 수 있으며, 반대로 나한테는 좋은 사람이 남에게는 살성(殺性)을 발휘할 수 있습니다.

"그 친구, 성격은 나쁘지 않은데… 같이 하면 항상 결과가 나쁘단 말이야."

이런 마음이 든다면 굳이 함께 갈 필요가 없습니다. 과감하게 정리해야 합니다. 관계가 너무 깊어지면 나중에는 끊어 내기 어렵습니다. 좋은 사람 콤플렉스에 사로잡혀 우물쭈물하다간 몇 갑절의 손해를 입을 수도 있습니다. 사람으로 인한 재앙은 파급력이 훨씬 크고 깊습니다. 재물로 인한 손실은 시간이 지나면 회복할 수 있습니다. 그러나 사람으로 인한 피해는 좀처럼 극복하기 어렵습니다. 세상에서 가장 무서운 재앙은 다름 아닌 인재(人災)입니다.

같은 상황에 처해도 유난히 큰 손실을 입는 사람이 있고, 의외로 잘 견디어 내는 사람이 있습니다. 생존에 대한 집중력과 의지가 다르기 때문입니다. 살아남기 위해 겨울나기를 준비한 사람과 그렇지 않은 사람은 차이가 날 수밖에 없습니다. 계절이 바뀌었는데도 잘나가던 시절만 생각하며 과거 행동을 답습하면 봄이 오기도 전에 사라져 버릴 수 있습니다. 겨울에는 겨울에 맞게 생각하고 처신해야 합니다. 과거의 영광을 떨쳐내고, 새로운 계절에 걸맞은 습성을 익혀야 합니다. 이것이 겨울을 나는 지혜입니다.

막힌 인생을 뚫는 법

PART 2
자세

3. 가치를 모르는 사람에게는
   귀한 것을 주지 말라

2015년 한 지상파 방송에서는 하루아침에 빈털터리가 되어 버린 재력가의 기막힌 사연이 소개되어 주목을 받았습니다.

사연의 주인공은 촬영 당시 여든 살을 훌쩍 넘겼던 남기석 씨입니다. 남 씨는 1960년대 파독 광부로 서독으로 이주한 뒤 골동품 가게를 운영하다 우연히 큰 행운을 차지하게 됩니다. 1975년 상속인 없이 숨진 한 노인의 저택이 공매로 나와 낙찰을 받았는데, 저택 공간에서 엄청난 금괴와 보물들이 대량으로 발견된 겁니다.

알고 보니 세상을 떠난 노인은 2차대전 당시 나치 정권에서 고위 간부를 지낸 사람이었습니다. 뜻하지 않게 큰 재물을 얻게 된 남 씨는 독일 법원에서 유물 소유권 일부를 인정받았고, 이를 바탕으로 유럽 골동품 업계의 '큰 손'으로 자리 잡았습니다. 당시 발견된 유물들은 경매장에서 높은 가치를 인정받아 내놓는 즉시 족족 팔려 나갔습니다.

승승장구하던 남 씨의 삶에 먹구름이 끼기 시작한 건 1990년

막힌 인생을 뚫는 법

대 초반 그가 귀국을 하고 나서부터입니다.

남 씨는 1990년 전국에 있는 신세계 백화점을 돌면서 '유럽 골동품전' 순회전시를 열어 성황리에 끝냈습니다. 이때 삼성그룹에서 용인 자연농원(현 에버랜드)에 소유한 골동품을 기증하면 박물관장 자리와 매월 300만 원의 급여를 지급하겠다고 제안했지만 남 씨는 제안을 거절했다고 합니다.

대신 남 씨는 소중하게 간직해 온 '히틀러 육성이 담긴 녹음기', '나폴레옹 시대의 총기' 등 문화적 가치가 높은 유물 4천 400여 점을 1993년 청주시에 기증했습니다. 남 씨의 파격적인 기증 배경에는 "청소년들이 유럽 사회와 문화를 이해하는 데 도움을 달라"는 당시 청주시장의 간곡한 부탁이 한몫하였습니다. 언론도 "청주에 한국판 '루브르 박물관'이 생긴다"고 대서특필하며 남 씨의 기부에 주목했습니다. 하지만 남 씨의 바람은 철저하게 어긋났습니다. 귀중한 골동품을 관리할 여력이 부족했던 지역 박물관은 남 씨가 기증한 유물들을 허술하게 방치했습니다. 경매에 붙였다면 고가에 낙찰될 수 있었던 귀중한 물건들이 어린이 박물관 한켠에 아무렇게나 전시됐습니다. 관람객들의 무분별한 접근을 막는 차단시설이 없어 소중한 유물이 훼손되거나 분실되는 사례가 빈번하게 발생했습니다.

귀한 유물을 소홀하게 취급하면 안 된다고 항의하는 남 씨에게 직원들은 "한번 줬으면 그만이지, 왜 자꾸만 귀찮게 하느냐"

며 되레 큰소리를 치기도 했습니다. 심지어 "그냥 가지고 있지, 그러게 왜 기증을 해서 고생을 하느냐"고 끌끌 혀를 차기도 했습니다. 적반하장도 이만저만이 아닐 수 없습니다. 뒤늦게 남 씨는 후회의 눈물을 흘렸지만 돌이키기에는 이미 역부족이었습니다. 결국 재력가였던 남 씨는 정부 보조금으로 생계를 연명하는 처지로 전락하고 말았습니다.

보석은 그 가치를 아는 사람의 목에 걸려 있어야 빛을 발합니다. 돼지우리에 던져 놓으면 본래의 가치를 잃습니다. 소중한 것일수록 아무에게나 함부로 넘겨줘선 안 됩니다. 이것은 적선이 아닙니다. 보물과 사람을 모두 망치는 지름길입니다.

인생도 마찬가지입니다. 귀한 것은 가치를 아는 사람들 사이에서만 진가를 발휘합니다. 인재(人材)의 소중함을 모르는 리더나 조직 밑에서는 아무리 노고를 다해도 빛을 발하기 어렵습니다. 오히려 내부 정치에 치중하는 간신들의 모함에 시달릴 가능성이 높습니다. 이럴 때는 떠나는 것이 상책입니다.

명나라 말기 국가 기강이 해이해지면서 빠르게 몰락하던 조정을 대들보처럼 떠받치고 있던 인물은 충신 원숭환袁崇煥, 1584~1630이었습니다. 원숭환은 중국 역사상 불세출의 영웅으로 손꼽히는 누르하치와 홍타이지 부자(父子)를 상대로 연전연승을 거둔 보기 드문 명장입니다. 특히 영원성 전투와 금주성 전투에서 후금을 상대로 대승을 거두어 '원숭환이 버티는 한 중원 진출이 불

막힌 인생을 뚫는 법

가능하다'는 인식을 두루 심어 주었습니다. 기세가 하늘을 찌를 듯하던 후금조차 원숭환만큼은 꺾기 어렵다고 생각했습니다.

하지만 원숭환을 무너뜨린 건 어이없게도 바로 명나라 조정이었습니다. 백성들 사이에서 명성이 자자했던 원숭환을 시기하고 질투하던 간신들이 원숭환이 모반을 꾀한다며 그를 참소했습니다. 명나라의 마지막 황제인 숭정제는 의심이 많은 인물이었는데, 그는 간신들의 꾐에 넘어가 원숭환을 북경으로 소환한 뒤 능지형에 처합니다. 마지막 대들보를 허무하게 잃은 명나라는 얼마 지나지 않아 멸망하고 말았습니다. 어쩌면 원숭환은 부패하고 몰락한 명나라에 과분한 인재였을지 모릅니다. 만일 명나라 조정이 원숭환을 끝까지 신뢰하고 전폭적으로 지지했다면 역사가 바뀌었을 수도 있습니다.

그렇다면 훗날 청 태종이 되는 홍타이지는 어땠을까요? 원숭환이 처형당하자 원숭환의 참장(參將)이었던 조대수는 급히 만주로 몸을 피합니다. 이후 명에 복귀하여 후금과 싸우지만 대릉하 전투에서 패배하고 홍타이지에 투항합니다. 홍타이지는 적장이었던 조대수를 높이 평가해 자신의 막하로 받아 줍니다.

하지만 '투항을 설득해 보겠다'며 금주성으로 돌아간 조대수는 후금을 배신하고 명나라 편에 서서 농성전에 돌입합니다. 격전 끝에 조대수는 또 패배하고, 낯부끄럽게도 다시 후금에 항복하였습니다. 홍타이지는 '배신자는 살려 두면 안 된다'는 신하들

19세기 후반에 촬영된 청나라 장수의 모습.
전통적인 팔기병의 갑주를 착용하고 있다
(출처 : https://www.quora.com)

막힌 인생을 뚫는 법

의 반대에도 불구하고 조대수를 재차 기용합니다. 이후 조대수는 죽을 때까지 청나라에 충성을 다했습니다. 충신조차 죽음으로 몰아넣었던 명나라 조정과는 전혀 다른 모습입니다.

현명한 새는 나무의 가지를 가려 앉습니다. 자신의 가치를 알아주지 않는 조직과 사람에게 필요 이상으로 헌신할 필요가 없습니다. 묵묵하게 최선을 다하면 언젠가 알아줄 것이라고 생각하지만 현실은 그렇지 않습니다. 실제로는 소모품처럼 취급당할 뿐입니다. 지혜롭게 처신하면서 나아갈 때 나아가고, 물러날 때는 물러나야 합니다. 그래야 스스로의 가치와 품격을 보존할 수 있습니다.

전국시대 송(宋)나라에는 겨울철에도 손이 트지 않는 '불균수지약'을 제조할 줄 아는 가문이 있었습니다. 이 묘약 덕분에 가문 사람들은 겨울철에 차가운 물에서 빨래를 해도 손과 발이 트지 않았고, 대대로 솜이불 빠는 일에 종사해 왔습니다.

그런데 어느 날 마을 근처를 지나던 한 사내가 솜이불을 빨고 있던 사람들에게 물었습니다.

"아니, 이 한겨울에 빨래를 해도 손이 깨끗한데 무슨 비법이라도 있소?"

그러나 송나라 사람이 일어나 답했습니다.

"예, 우리 가문에는 한겨울에도 손이 트지 않게 만드는 묘약이 전해져 내려옵니다. 모두가 그 약 덕분이죠."

사내는 곰곰이 생각하더니 갑자기 무릎을 치며 말했습니다.

"지금 당장 백금(百金)을 줄 테니, 그 약 만드는 방법을 알려 주시오."

이날 밤 가문에서는 비상회의가 열렸습니다.

"우리 가문은 몇 대째 솜이불만 빨고 있는데, 죽도록 일해 봐야 손에 쥐는 건 몇 푼 안 된다. 차라리 저 남자에게 비법을 전해 주고 백금을 나눠 가지면 더 좋지 않을까?"

마침내 일족은 사내에게 손이 트지 않는 약을 만드는 제조법을 알려 주었습니다.

불균수지약의 제작 비법을 손에 얻은 사내는 그 길로 오왕(吳王)을 찾아갔습니다. 당시 오나라는 숙적 월나라와의 일전을 앞두고 있었습니다.

"대왕님, 오나라 군대가 무적이 될 수 있는 비법이 저에게 있습니다. 여기 한겨울에도 손이 트지 않는 약이 있습니다. 병사들에게 이것을 바르게 하시고 강가에서 수전(水戰)을 펼치면 반드시 이길 것입니다."

이 말을 들은 오나라 왕은 크게 기뻐하며 즉각 사내를 장수로 임명했습니다. 예상대로 손이 트지 않는 약을 바른 오나라 군대는 강가에서 월나라 군대와 접전을 벌여 대승을 거두었습니다. 큰 공을 세운 사내는 봉토와 함께 높은 작위를 받게 되었습니다.

위 고사는 『장자』 「소요유(逍遙遊)」편에 나오는 이야기입니

막힌 인생을 뚫는 법

다. 송나라 가문 사람들은 천하에 둘도 없는 묘약을 갖고도, 고작 빨래하는 데만 사용했습니다. 그러나 사내는 불균수지약을 통해 높은 봉작을 받을 수 있었습니다. 안목의 차이가 하늘과 땅만큼 큰 차이를 만들었습니다.

자신이 가진 재능이 언제, 어디에서 가장 잘 활용될 수 있는지 알아야 합니다. 그걸 알지 못하면 엉뚱한 곳에서 헤매게 됩니다. 뛰어난 외국어 실력을 가진 사람이 9급 공무원 시험에 매달리고, 수학에 천부적인 재능을 가진 사람이 로스쿨 입시에 몰두하고 있다면 본인뿐만 아니라 사회적으로도 큰 손실입니다.

인생의 겨울에는 자신의 사회적 포지션을 정확히 진단하는 시간을 가져야 합니다. 혹시 불균수지약을 가지고도 빨래만 하고 있는 건 아닌지 돌아볼 필요가 있습니다. 남보다 나은 재주가 있다면 자신의 효용 가치를 높이는 방향으로 인생의 진로를 선회하여야 합니다. 나를 인정해 주지 않는 곳에 머물러 보아야 서로가 손해입니다. 겨울에는 새 터전과 활동 무대를 모색하는 시간을 가져야 합니다.

4. 완고함을 버려야 살아남을 수 있다

생존의 또 다른 말은 적응입니다. 우리는 종종 '살아남았다'는 말 대신 '적응했다'는 표현을 쓰기도 합니다. 어느 곳에서든 '적응했다'는 말은 무사히 안착했다는 의미로 쓰입니다.

적응을 위해서는 유연함이 필요합니다. 살아 있는 것은 부드럽고 죽은 것은 뻣뻣합니다. 사고와 행동이 경직되면 반드시 도태됩니다. 사람들은 때때로 완고함을 강인함의 표상으로 오해하고는 합니다. 실제로는 반대입니다. 완고함은 새로운 환경에 적응하는 데 실패한 사람이 부리는 오기에 가깝습니다. 하지만 대세를 꺾을 수는 없습니다. 타성에 젖지 말고 변화를 능동적으로 받아들일 수 있는 너른 품을 키워야 합니다.

몰락하는 조직과 인생의 공통점이 바로 완고함입니다. 고집을 부린다는 것은 실패와 죽음이 가까워진다는 신호입니다.

역사상 가장 완고했던 집단 중 하나로 2차대전 당시 일본군 수뇌부인 '대본영*'을 꼽을 수 있습니다. 이들은 전쟁 상황에 능

---

* 태평양 전쟁 당시 일본군 최고 지휘부

막힌 인생을 뚫는 법

동적으로 대응하기보다는 '정신일도 하사불성' 같은 추상적 구호와 경직화된 매뉴얼만 고집하다 처참하게 패배하고 말았습니다. 이 때문에 지금 일본에서 '대본영 참모'는 상황 파악을 제대로 하지 못하고 자기주장만 완고하게 내세우는 사람을 일컫는 대명사로 쓰이고 있습니다.

2차대전 당시 일본군을 주도하는 세력은 참모 조직이었습니다. 특히 좌관급 참모들이 핵심 작전을 기획하는 경우가 많았는데 이들은 육군유년학교를 거쳐 육군사관학교를 졸업하고, 다시 육군대학에 들어가 교육받은 사람들입니다. 폐쇄적인 집단문화에 젖어 생활하다 보니 시야가 좁고, 자기들만의 논리에 매몰되는 경우가 많았습니다. 해군의 상황은 육군보다는 조금 나았지만, 큰 틀에서는 다를 바 없었습니다.

일본군의 완고함을 보여 주는 대표적 사례가 '대함거포주의'입니다. 일본의 연합함대는 1904년 러일전쟁 당시 '차르의 마지막 함대'로 불린 러시아 발틱 함대를 대한해협으로 유인해 승리한 경험이 있습니다. 당시 강력한 함포를 지닌 전함들이 활약을 펼쳤는데. 일본 해군은 이 같은 승리 기억에 도취되어 대함거포주의와 함대결전사상을 최고이자 유일한 전략으로 채택하고 수십 년간 변화를 거부하였습니다. 40년이나 세월이 흘러 해상전투의 양상이 전함끼리 함포를 교환하는 함대결전에서 항공모함과 함재기를 활용한 기동전으로 바뀌었는데도, 일본은 여전히 커다란 대구경 함포에 집착했습니다.

그 최종 결과물이 당시 국가 예산의 1%인 1억 4천만 엔(円)을 쏟아부어 건조한 세계 최대 크기의 '야마토함'입니다. 야마토함에 장착된 함포 구경은 무려 18.1인치에 달했는데, 지금까지도 역사상 가장 큰 함포로 기네스북에 등재되어 있습니다. 함포 크기에 대한 일본군의 집착이 얼마나 심했는지 말해 줍니다.

하지만 기대와 달리 야마토함은 실전에서 이렇다 할 활약을 펼치지 못했습니다. 일제가 태평양 전쟁을 일으킨 해인 1941년 취역했지만, 전투 현장보다는 항구에 정박해 있을 때가 더 많았습니다. 대본영은 야마토함을 비장의 무기로 인식했는데, 이때문에 작전에 참여시키는 일이 적었습니다. 공연히 출전했다가 손상을 입는 것을 꺼렸기 때문입니다. 또 육중한 장갑을 두른 야마토함은 운항할 때마다 엄청난 연료를 소모했습니다. 만성적인 물자 부족에 시달리던 일본으로서는 야마토함의 엄청난 기동비용이 큰 부담이었습니다.

거추장스럽고 비실용적인 야마토함을 만들 비용으로 차라리 항공모함을 몇 척 더 건조했다면 유용했을 겁니다. 수병들도 늘 항구에 정박해 있는 야마토함을 '야마토 호텔'이라고 부르며 비웃었습니다.

결국 대본영은 패전의 그림자가 짙게 드리운 1945년 4월 7일에서야 야마토함을 출동시켰는데 명령 내용도 터무니없었습니다. 해변 모래톱에 상륙해 고정 포대 역할이나 하라는, 사실상 자살 임무에 가까운 명령이었습니다. 예상대로 야마토함은 출항한 지 얼마 지나지 않아 새까맣게 몰려든 미군 전투기들에 의해 격침되고 말았습니다. 살아남은 승조원은 3,000명 중 269명에 불과했습니다. 국력을 기울여 만든 결정적 병기치고는 초라한 최후였습니다.

과거의 승리가 도리어 재앙의 씨앗이 되고 말았던 겁니다. 고집스러운 수뇌부의 어리석은 결정 때문에 애꿎은 수병들만 먼 바다에서 불귀의 객이 되고 말았습니다.

"만약 작전계획이 잘못됐다면 당연히 고쳐야 한다. 그러나
일본군은 이를 즉시 고치려는 마음도, 의지도 없었다."

영국군 제14군 사령관 윌리엄 슬림[William J. Slim, 1891~1970]은 일본군의 특징을 위와 같이 정의했습니다.

전략이 잘못됐다면 즉각 수정하고 새로운 대안을 찾아야 합니다. 그러나 일본군은 전략 수정을 패배의식의 발로라고 생각하고 그대로 밀어붙이다 손실만 키우는 행위를 반복했습니다. 실수를 저지른 사람을 탓하고, 인사 불이익을 주면서 따돌리는 답답하고 관료적인 문화가 실패의 근본 원인이 아니었을까 싶습니다.

인생의 겨울을 맞이했다면 '대본영 참모' 같은 완고함을 버려야 살아남을 수 있습니다.

"난 잘못이 없는데, 왜 이렇게 엉망이 되었지?"라며 실망하지 말고 주어진 상황을 받아들이면서 유연하게 대처해야 합니다. 과거에 연연하거나 잘잘못을 따지는 건 무익합니다. 열린 마음으로 모든 가능성을 열어 두고 끊임없이 최선의 선택을 궁구(窮究)할 필요가 있습니다. 원인은 대부분 바깥이 아닌 내부에 있는 경우가 많습니다. 열린 마음으로 스스로 오류를 범할 수 있다고 인정해야 정확한 진단이 이뤄지고, 합리적인 해결책이 도출될 수 있습니다.

완고함을 버리고 유연한 사고를 유지하십시오. 그래야 기회가 찾아올 수 있습니다.

막힌 인생을 뚫는 법

일제가 청나라 마지막 황제 푸이를 앞세워 만든 괴뢰국인 만주국 군대의 장교 모자.
오족협화(五族協和)를 상징하는 5가지 색깔의 별이 눈에 띈다

5. 분노하지 마라

분노는 모든 것을 집어삼키는 불길입니다. 분노는 먼저 분노하는 사람부터 태웁니다. 분노의 최대 피해자는 자기 자신입니다. 분노의 불쏘시개 역할을 하게 되기 때문입니다. 분노는 삶을 황폐하게 만들며 그 끝은 빈곤과 폭력, 그리고 살인으로 귀결됩니다.

분노의 원인은 다양합니다. 그중에서 질투심이 가장 강력합니다. 대부분의 분노가 질투하는 마음에서 비롯됩니다. 나보다더 많이 가진 사람, 나보다 더 잘생기거나 예쁜 사람, 나보다 더똑똑한 사람, 나보다 더 인정받는 사람에 대한 질투는 분노로쉽게 전이됩니다.

질투의 상대방이 형제나 친구처럼 항렬이 비슷하다면 이런감정이 더 자주 촉발합니다. 프랑스 철학자 르네 지라르[Rene Girard]는 이러한 원한 감정을 '짝패 갈등'으로 규정하면서 인류의 숙명이라고 설명하기도 했습니다. 인류 최초의 살인 기록으로 볼 수있는 '카인과 아벨' 이야기도 질투심이 불러온 형제지간의 살인

이야기를 담고 있습니다.

분노는 순간적으로 튀어오르는 전기 불꽃과 같습니다. 짧은 순간 감정의 불길이 치솟으면서 이성의 통제를 벗어나게 되는데, 폭력과 살인 등 많은 강력 범죄가 이 찰나의 순간에 벌어집니다. 분노가 폭발해 행동으로 이어지면 뒤늦게 후회해도 늦습니다. 경찰청 발표에 따르면 전체 폭력 범죄의 42%가량이 우발적으로 발생한다고 합니다. 사소하게 말다툼을 하다 격정에 휩싸여 범죄를 저지르게 되는 겁니다. 최악의 경우 의도치 않게 살인까지 하게 됩니다. 예로부터 이런 현상을 '살(殺)이 끼었다'고 말합니다. 분노 감정에 내재한 살성이 다른 사람을 죽음에 이르게 하는 것입니다.

세상의 모든 종교 이념과 규범은 사람들의 원초적 분노를 잠재우고 통제하기 위한 교화에 집중해 왔습니다. 곳곳에서 분노가 들불처럼 번진다면 공동체를 유지할 수 없기 때문입니다.

세상은 분노를 일으키는 요소로 가득합니다. 때로는 분노를 자극하고 권장하기도 합니다. 현대 사회는 '함께 분노하자'고 부추기는 사회입니다.

하지만 분노만 가지고는 아무런 문제도 해결할 수 없습니다. 모든 작용에는 반작용이 존재합니다. 분노의 반작용은 더 큰 분노와 폭력입니다. 공동체가 분노를 키우고 확산하는 방식으로 접근하면, 머지않아 사람들이 규범과 통제를 벗어나게 되고 사회의 장기적인 존속이 어렵게 됩니다.

　분노는 개인의 자존감과 밀접한 관련이 있습니다. 사람들이 분노하는 이유는 대부분 '기분이 나빠서'입니다. 자신이 무시당했다고 느낄 때 사람들은 화를 냅니다. 쉽게 성질을 내는 사람들은 감정적 역치가 낮습니다. 사소한 일로도 쉽게 모욕감을 느끼고 화를 냅니다. 분노해야 자신의 자존심이 회복되는 것처럼 행동합니다.

　사람의 격(格)을 판단하는 중요한 기준이 '그 사람이 얼마나 쉽게 분노하느냐'입니다. 쉽게 분노하는 사람일수록 격이 낮습니다. 하류 인생일수록 저급한 욕설을 자주 내뱉으며, 약자들을 무시하고 화풀이 대상으로 삼습니다. 주변에 이런 인물이 있다면 반드시 피해야 합니다. 자신뿐 아니라 주위 사람들까지 모두 파멸로 몰아갈 수 있습니다.

　한 단체에서 공보 정책 담당으로 일했던 시기의 일입니다.

　단체장 선거를 앞두고 각 진영 간 공방전이 격화되면서 급기야 캠프 사이에서 거친 언사가 오고 가는 지경에 이르고 말았습니다. 온라인과 익명 SNS 단체방에서 입에 담기 힘든 후욕패설과 온갖 음모론이 횡행하였습니다. 선거전이 과열될수록 대중의 따가운 시선 때문에 단체의 위상이 낮아질 수 있습니다. 따라서 저도 촉각을 기울여 사태 흐름을 예의주시하고 있었습니다.

　한번은 선거를 취재하던 기자들이 찾아와서 "이번 선거는 이미 결판이 난 것 같다"고 말했습니다. 무슨 일이냐고 물으니 "한 진영에 가 보니 캠프 구성원들이 분노로 이글거려 정상이 아닌 것처럼 보였다"며 고개를 가로저었습니다. 무슨 질문을 할 때마다 언성을 높이면서 앙칼지게 대응해 기자들이 부담을 느꼈다는 겁니다. 역시나 '분노로 눈이 뒤집혔다'는 평가를 받은 캠프는 낙선의 고배를 마시고 말았습니다. 기자들의 예상이 정확히 맞았던 것입니다.

분노에 휩싸이면 반드시 실책을 저지르게 됩니다. 언행과 행동이 가벼워지고, 정수가 아닌 편법에 의존하게 됩니다. 극단적으로 행동할수록 강성 지지층이 적극 호응하게 되는데, 이들의 환호에 중독되면 점점 선을 넘다가 외골수로 전락하게 됩니다. 결국 합리적인 중도 유권자들에 대한 소구력을 잃고 소수 지지 세력 사이에서만 통용되는 비상식적 논리가 캠프의 정책 방향을 좌우하게 됩니다. 궁극적으로는 선거에서 패배할 수밖에 없습니다.

의분(義怒)이나 공분은 긍정적인 측면이 있지 않느냐는 주장도 있습니다. 물론 예외는 존재합니다. 때때로 적절한 분노가 필요한 순간이 있습니다. 하지만 분노에는 마약과 같은 중독성이 있습니다. 처음에는 의분이었지만 나중에는 사사로운 분노로 바뀌면서 분노의 대상과 범위가 과도하게 확대될 수 있습니다. 분노는 맹렬히 타오르는 불길과 같습니다. 아차 하는 순간에 적절한 수위와 통제범위를 넘어가 버립니다. '분노를 통제할 수 있다'는 생각은 오만입니다.

또한 분노는 쉽게 조작됩니다. 만들어진 분노는 특정 정치 세력과 집단을 위한 선동 도구로 활용됩니다. 스스로는 의분이라고 생각하지만 진실은 다를 수 있습니다. 2차대전 당시 나치에 의해 유포된 대중적인 유대인·집시 혐오도 당시에는 의분으로 여기는 사람들이 많았습니다.

따라서 누군가 분노를 부추긴다면 마땅히 경계해야 합니다. 이들은 사람들을 이간질하면서 혐오의 감정을 부추깁니다. '특정 조직(인물)이 당신(혹은 당신이 속한 집단)을 무시한다'는 마음의 덫에 걸리지 않도록 조심해야 합니다. 우리나라에도 이런 혐오가 만연하고 있어 우려스럽습니다. 일본사람을 한 번도 만나지 않은 사람이 남의 말만 믿고 '쪽발이'라며 일본을 혐오합니다. 중국에 대해 아무것도 모르는 사람이 '짱깨'라며 중국을 미워합니다. 혐오의 덫에 걸린 겁니다. 대중들이 소모적인 분노 감정에 시달리는 동안 누군가는 이를 동력원으로 삼아 사리사욕을 채웁니다. 모리배와 선동가들의 정치적 야욕을 위한 불쏘시개 역할을 자청할 필요는 없습니다.

분노에 사로잡히면 품격이 낮아지고, 많은 것을 잃게 됩니다. 그릇이 작아졌기 때문입니다. 수준이 낮아진 만큼, 하늘은 그 사람의 몫을 덜어 내고 복을 거두어 갑니다. 그 책임은 오롯이 본인이 져야 합니다.

차(茶)를 우릴 때 가장 적절한 온도는 섭씨 70~80도입니다. 끓는 물을 찻잎에 곧바로 부으면 쓴맛이 배어 나와 향취가 줄어듭니다. 마찬가지로 분노가 끓어오를 때는 중요한 결정과 판단을 미뤄야 합니다. 펄펄 끓는 물로 우려낸 차가 쓴맛을 내듯이, 분노가 들끓는 상태에서 내린 결정은 대체로 무익합니다. 감정에 휩싸여 객관성을 상실했기 때문입니다. 실제로 화가 난 상태에서 내린 결정들을 되돌아보면, 대부분 자승자박으로 귀결될 때가 많았습니다.

인생의 겨울을 맞이했다면, 특히 분노를 자제해야 합니다. 낮은 마음으로 겸손하게 행동하며 조용히 때를 기다려야 합니다. 겨울은 인내심을 키우는 시기입니다. 억울한 일이 있어도 감정적으로 대응하지 않고 침착하게 대처하는 법을 배우십시오. 혼자 있을 때 분노를 되새김질하지 말고 긍정적이고 밝은 생각으로 마음을 채워야 합니다. 분노심을 자극하는 영상이나 SNS를 멀리하고 참여해서도 안 됩니다. 분노를 다스리고 절제하는 법을 배워야 겨울을 잘 극복할 수 있습니다.

막힌 인생을 뚫는 법

6. 피해의식을 버려라

2000년대 초반 1인 기업 신드롬을 일으켰던 공병호 박사의 저서 중 『부자의 생각, 빈자의 생각』이라는 책이 있습니다. '생각이 행동을 이끈다'는 소박하지만 변함없는 진리가 담겨서일까요? 책의 세세한 내용은 떠오르지 않지만, 제목만큼은 머리에서 잊히지 않습니다.

책의 제목처럼 강자는 강자답게, 약자는 약자답게 생각합니다. 약자가 강자가 되기 위해서는 강자처럼 사고해야 합니다. 생각은 행동을 지배하고, 행동은 결과를 좌우합니다. 생각은 결과를 추동하는 첫 번째 원인입니다. 어떤 마음가짐을 갖고 있느냐에 따라 결과가 달라집니다. 생각은 행동을, 행동은 결과를 바꾸기 때문입니다. 사과를 재배하고 싶다면 사과나무를, 귤을 재배하고 싶다면 귤나무를 심어야 합니다.

우리 세대는 평등을 상위선(善)으로 교육받았기 때문에 '강자'라는 단어에 묘한 거부감을 가지고 있습니다. '강자는 악, 약자는 선'이라는 도식적인 프레임이 비판 없이 통용됩니다. 하지만 현실은 어떤가요? 실제로는 너 나 할 것 없이 강자가 되기 위해 혈안이 되어 있습니다. 강자를 꿈꾸면서 강자를 악으로 몰아세우는 이율배반적 상황이 난무합니다. 세상은 이처럼 갈등과 모순으로 가득 차 있습니다.

강자는 부와 권력을 거머쥔 사람만을 뜻하지 않습니다. 용어는 쓰이는 맥락에 따라 완전히 달라집니다. 여기서는 '강자'의 정의를 주체적이고 건강한 영향력을 미치는 삶을 사는 사람으로 규정하고 넘어가겠습니다.

강자다운 생각의 본질은 '긍정적 사고'에 가깝습니다. 인생의 주도권을 놓지 않으려는 적극적 자세를 의미합니다. 인생은 주도권 다툼이 치열하게 벌어지는 거대한 전장입니다. 이 전쟁은 죽는 순간까지 끝나지 않습니다.

대부분의 커뮤니케이션은 자신의 의지를 상대방에게 관철하려는 방향으로 이뤄집니다. 주체적으로 살기 위해서는 타인의 의지에 휘둘리지 않도록 내 마음을 지키는 힘이 필수입니다. 그렇지 않으면 내 삶이 아닌 부모가 바라는 인생, 선생님이 말한 인생, 친구들이 원하는 인생을 살게 될지 모릅니다. 이것은 바람직한 모습이 아닙니다.

사람은 하나의 소우주입니다. 자신의 삶에서는 각자가 주인공이 되어야 합니다. 내 삶을 다른 사람의 의지에 내맡기면, 허무한 인생이 됩니다. 남의 꼭두각시 노릇만 하다가 소모품처럼 버려질지 모릅니다. 자유롭고 풍요로운 현대 사회에서 이처럼 무기력하게 살아갈 필요는 없습니다.

　히틀러와 나치 수뇌부의 마지막 일주일간 행적을 다룬 영화 〈몰락(Der Untergnag)〉(2004)은 실제 인물들의 증언과 역사적 사료를 바탕으로 치밀하게 구성되었습니다. 전황이 기울자 나치 독일은 노인과 아이를 가리지 않고 닥치는 대로 징집하여 국민돌격대(Volkssturm)로 편성하였습니다. 대부분 평범한 시민들이었기 때문에 전투에 투입되면 총알받이로 희생되는 경우가 많았습니다. 허무하게 죽어 나가는 사람들을 전투 현장에서 빼내기 위해 친위대 소속 빌헬름 몬케[Wilhelm Mohnke, 1911~2001] 장군이 괴벨스 장관을 찾아가 국민돌격대를 전선에서 퇴각시켜 달라고 설득하였습니다. 하지만 괴벨스는 차가운 미소를 지으며 다음과 같이 말합니다.

　　"나는 그들을 동정하지 않습니다. 그들은 우리를 선택했고,
　　지금 그 대가를 치르고 있을 뿐입니다."

　냉정한 말이지만 허튼소리로 치부할 수만은 없습니다. 히틀러와 나치는 선거와 투표를 통해 권력을 쟁취했으며, 이들에게 힘을 몰아준 것은 다름 아닌 독일 국민들이었습니다. 독일인들은 잔혹하고 무뢰한 파시즘 세력에 권력을 넘겨준 대가를 혹독

하게 치렀습니다.

주체적 삶을 방해하는 가장 큰 요소는 피해의식입니다. 20세기 초 독일은 1차대전에서의 패배와 초인플레이션 현상이 겹쳐전 국가적으로 피해의식이 만연했습니다. 나치 세력도 이렇게 황폐한 토양에서 성장한 것입니다.

살다 보면 뜻하지 않게 불운을 겪고, 억울한 일을 당할 수 있습니다. 세상은 원래 불공평하고, 자연은 인생에 적대적입니다. 실패를 경험하고, 때로는 상처도 입습니다. 이 과정에서 피해의식이 고개를 듭니다. 피해의식의 본질은 억울함입니다. '내 잘못이 아닌데', '내가 부족한 게 없는데', '나는 여기서 이럴 사람이 아닌데'라는 억눌린 생각이 가슴에 맺혀 한(恨)이 된 겁니다. 여기에 뒤틀린 욕망과 열등감이 덧씌워지면 문제가 커집니다.

피해의식에 사로잡히면 상처를 계속해서 곱씹게 됩니다. 억울한 심정을 되새김질합니다. 결국 삶이 진보하지 못하고 퇴보만 거듭하게 됩니다.

때때로 피해의식은 강한 공격성을 수반합니다. 내가 갖지 못한 걸 가진 사람, 나와 다른 직군·계층·성별에 분노를 무차별적으로 쏟아냅니다. 분노에 사로잡히는 행동은 자기 발등을 찍는 행위이지만 한번 시작하면 멈추기 어렵습니다. 험담과 조롱에는 중독성이 있기 때문입니다.

이런 삶에는 좋은 기회와 인연이 찾아오지 않습니다. 우연히 얻어걸려도 자기 손으로 밥상을 뒤엎는 경우가 부지기수입니다. 피해의식에 삶이 침식하다 결국 '패배자'로 전락합니다. 자업자득, 인과응보입니다.

피해의식이 삶을 잠식하도록 방치해서는 안 됩니다. 벗어나기 위해서는 긍정적인 방향으로 생각의 물꼬를 내는 일이 먼저입니다. 생각은 결과를 이끌어 내는 첫 번째 동인입니다. 생각을 바꾸는 일은 돈도, 시간도 들지 않습니다. 굳센 의지만 있으면 됩니다. 환경에 생각이 무너지지 않도록 마음을 닦아야 합니다.

오프라 윈프리^{Oprah Gail Winfrey}는 12살이라는 어린 나이에 사촌오빠에게 성폭행을 당하는 아픔을 겪었습니다. 하지만 그녀는 트라우마에 얽매이지 않고 상처를 극복하기 위해 노력했고, 덕분에 많은 사람들에게 용기를 주는 아이콘으로 거듭날 수 있었습니다. 용기를 내어 자신과 마주했기 때문에 가능한 일이었습니다. 상처를 극복하면 자아는 한층 더 단단해집니다.

과거의 망령에 얽매이면 삶이 무너집니다. 피해의식이라는 어두운 그늘에서 영원히 벗어날 수 없습니다. 인생의 겨울이 끝나지 않을지도 모릅니다. 옷에 묻은 먼지를 털듯이 쿨하고 깨끗하게 털어 내야 합니다.

불쾌한 생각과 기억들이 더 이상 인생에 나쁜 영향을 미치지 않도록 인식의 전환을 이뤄 내십시오. 피해의식에서 벗어나는 것이 삶의 주도권을 회복하는 첫걸음입니다. 피해의식을 극복하지 못하면 인생의 봄을 맞이할 수 없습니다.

7. 겸손해야 길(吉)하다

공자가 3천 번을 읽었다는 『주역(周易)』은 난해하기로 유명합니다.

『주역』에는 건, 태, 리, 진, 손, 감, 간, 곤의 8개의 괘가 있고 이것이 다시 상괘와 하괘를 구성해 총 64개(8×8)의 괘상이 나옵니다. 괘를 구성하는 하나하나의 효(爻)에는 효사라 불리는 설명이 있는데, 보통 좋은 것과 나쁜 것이 섞여 있습니다.

어떤 괘는 처음에는 이롭지만 뒤로 가면 해롭습니다. 반대로 처음에는 괴롭지만 시간이 흐를수록 길(吉)하게 바뀌는 경우도 있습니다. 괘의 특성에 따라 대체로 해로운 괘가 있는 반면, 이로운 괘도 있습니다.

다. 이로움과 해로움이 엎치락뒤치락 포개져 있는 『주역』의 괘상들은 인생과 닮은꼴이 많습니다.

그런데 딱 한 가지 예외가 존재합니다. 바로 지산겸(地山謙)이라 불리는 '겸괘'입니다. 겸괘의 윗부분은 땅을 뜻하는 곤(坤), 아랫부분은 산을 뜻하는 간(艮)으로 이뤄져 있습니다. 높은 산이 낮은 땅 아래 있는 모양으로, 스스로를 굽혀 자신보다 낮은 자를 향해 자세를 낮추는 형상입니다. 겸괘는 6개의 효가 전부 이롭습니다. 길흉이 교차하는 다른 괘들과 달리 해로움이 존재하지 않습니다. 겸손의 유익에 관한 선인들의 통찰이 느껴집니다.

겸손의 본질은 '나보다 남을 낫게 여기는 마음'입니다. 상대방이 더 지혜롭고, 똑똑하다고 생각하면 교만한 마음이 싹틀 여지가 없습니다. 겸손하지 못한 이유는 타인을 깔보는 마음 때문입니다. 아무리 태도가 정중해도, 교만한 속내는 숨길 수 없습니다. 반드시 내색하게 되어 있습니다.

'아메리칸 시저'로 불리는 맥아더[Douglas MacArthur, 1880~1964] 원수는 1903년 미 육군사관학교인 웨스트포인트를 수석으로 졸업했습니다. 1920년에는 최연소로 장군으로 승진하며 웨스트포인트 교장에 취임했습니다. 맥아더에게는 언제나 최연소·수석이라는 타이틀이 따라다녔으며, 1차대전과 2차대전, 한국전쟁 등 굵직한 전쟁에 참여해 많은 전과를 올렸습니다.

동시대를 살았던 또 한 명의 영웅인 드와이트 아이젠하워[Dwight Eisenhower, 1890~1969]의 삶은 맥아더와 완전히 달랐습니다. 그는 학창 시절 미 해군사관학교인 애나폴리스에 지원했다가 번번이 낙방했습니다. 그 뒤 3수 만에 웨스트포인트에 입학했는데, 졸업 성적은 61등으로 평범했고 군 경력도 딱히 내세울 만한 게 없었습니다.

아이젠하워는 9년 동안 맥아더의 전속부관으로 근무했는데 진급이 무척 더뎠습니다. 1930년 맥아더가 50세에 최연소 대장으로 진급했을 때 아이젠하워의 계급은 소령에 머물렀습니다. 중령으로 진급하는 데만 16년이 걸렸습니다. 이는 동기들과 비교해 봤을 때도 한참 느린 편에 속합니다.

다른 길을 걸어온 만큼 두 사람은 성품도 확연히 달랐습니다.

콧대 높은 맥아더는 늘 자신이 최고라고 생각했습니다. 탁월한 리더십으로 많은 전공을 세웠지만 참모들의 조언을 잘 귀담아듣지 않았고, 자기중심적인 모습을 보일 때도 있었습니다. 작전 회의는 언제나 상의하달(上意下達) 방식으로 이뤄졌습니다. 맥아더의 독선적 성향은 결정적인 순간에 실책으로 연결되기도 했습니다.

1950년 9월 15일 인천상륙작전에 성공해 전황을 역전한 유엔군은 파죽지세로 평양을 점령한 뒤 압록강까지 밀고 올라갑니다. 다급해진 김일성이 스탈린에게 소련의 참전을 요청하였지만 거부당하고, 이번에는 중국에 특사를 보내 병력 지원을 요청합니다. 자유진영과 직접 국경을 맞대야 하는 상황을 피하고 싶었던 중국은 참전을 결정하고 펑더화이^{彭德懷, 1898~1974}를 총사령관으로 삼아 4개 군단을 국경 너머 평안북도 운산 지역으로 이동

막힌 인생을 뚫는 법

시켰습니다. 해당 사실을 감지한 미국의 정보부대는 맥아더에
게 첩보를 보내 아무래도 중공군의 동향이 심상치 않으니 주의
하라고 경고했지만, 맥아더는 대수롭지 않게 생각했습니다.

소련이 김일성에게 선물한 Zis 자동차 사진. 한국전쟁 중 김일성이
타고 다니다 버리고 간 것을 국군 6사단이 노획하였다.
(용산 전쟁기념관)

그는 같은 해 10월 트루먼 대통령과의 간담회에서 '중국의 참
전 가능성은 낮으며, 개입한다고 해도 소규모 병력을 동원하는
데 그칠 것'이라는 낙관론을 펼쳤습니다. 만주에 주둔하고 있는
중공군에게는 육상병력을 지원할 수 있는 공군이 없는 데다, 유
엔군이 승기를 잡은 상황에서 구태여 개입할 이유가 없다고 판
단한 것입니다.

하지만 이는 오판이었습니다. 무려 25만 명이나 되는 중공군

이 이미 한반도에 진주한 상태였습니다. 허를 찔린 유엔군과 한국군은 중공군과 처음 조우했던 운산 전투에서 크게 패하였고, 줄줄이 패퇴하면서 38선 이남으로 밀려납니다. 중국의 전면적인 참여가 드러난 상황에서도 자기 확신이 강했던 맥아더는 끝까지 이 사실을 믿지 않았고, 오히려 전쟁을 빨리 끝내기 위해 무리하게 북진을 추진하다 호되게 당하고 말았습니다.

맥아더의 이러한 실책은 자신의 판단에 대한 지나친 과신과 참모들의 조언을 무시한 결과였습니다. 인간은 완벽하지 않기 때문에, 아무리 뛰어난 전략가라 할지라도 실수를 범할 수 있습니다. 그럴 때는 재빨리 잘못을 인지하고, 여러 사람의 의견을 들은 뒤 상황을 바꾸기 위해 노력해야 합니다. 하지만 맥아더는 그렇지 못하였고, 상황은 악화일로에 빠지고 말았습니다.

반면 아이젠하워는 다른 사람의 말을 경청하는 습관이 있었습니다. 자신보다 남을 낮게 여기는 마음이 있었기 때문입니다. 이러한 성품 때문에 사람들의 관계를 조율하는 일에도 뛰어난 역량을 발휘했습니다. 마침내 그는 육군 참모총장 조지 마셜 George Marshall, 1880~1959의 눈에 띄어 중용되었습니다. 아이젠하워는 1942년 중장 진급 후 1943년에는 나치 독일에 대항하는 유럽 연합군 총사령관이 되었습니다. 이듬해에는 대장을 거쳐 오성장군인 원수로 임명됐는데, 그동안의 더딘 진급을 보상이라도 하듯 유례없는 초고속 승진이었습니다. 숨은 진주 같은 아이젠하

막힌 인생을 뚫는 법

위의 성품과 능력은 실전에서 가감 없이 발휘되었고, 뛰어난 성과로 이어졌습니다.

이후 맥아더는 한국전쟁 도중 트루먼 대통령과의 불화로 실각한 뒤 다시는 재기하지 못했습니다. 그러나 동료와 국민들의 전폭적 지지를 받던 아이젠하워는 전역 후 대선에 출마해 제34대 대통령에 당선됐고, 지금도 아이크^{Ike}라는 애칭으로 불리며 미국인들의 사랑을 듬뿍 받고 있습니다.

어느 곳에 있든, 누구를 만나든 항상 겸손해야 합니다. 특히 인생의 겨울을 맞이했다면 더 낮은 자세로 행동해야 합니다. 어떠한 덕도 겸손만큼 이롭지 않습니다. 겸손은 나 자신을 낮춰 경청하는 마음을 갖게 합니다.

어느 날 하느님이 즉위한 지 얼마 안 된 솔로몬 왕의 꿈에 나타나 물었습니다.

"네가 원하는 것이 있다면 무엇이든 말하라."

그러자 솔로몬은 다음과 같이 대답했습니다.

"저는 아직 작은 어린아이(a little child)에 불과합니다. 듣는 마음을 주셔서 옳고 그른 것을 잘 분별하게 하여 주십시오.*"

듣는 마음이 지혜의 출발점입니다. 귀담아들어야 분별할 수 있고, 경청해야 관계를 조율할 수 있으며, 여러 의견을 듣고 나서야 타당한 해결책을 내놓을 수 있습니다. 겸손하지 않으면 '듣

---

* 열왕기상 3장 6절

는 마음'을 가질 수 없습니다. 따라서 지혜도 얻지 못하고, 난관을 돌파하는 데도 어려움을 겪습니다. 아무리 뛰어난 리더도 고도화된 현대 사회에서 모든 업무를 세세하게 만기친람(萬機親覽)할 수 없습니다. 올바른 방향성을 가지고 조직과 단체가 무사히 항해할 수 있도록 돕는 '키잡이' 역할을 수행하는 것이 바람직합니다. 겸손은 경청의 자세와 온화한 태도를 내면화하여, 솔로몬처럼 지혜롭고 분별력 있는 지도자로 거듭나게 합니다.

항상 주변의 조언에 귀를 기울이고 자신을 내세우지 마십시오. 공이 생기면 동료와 선후배에게 돌리면서 한발 물러나는 겸양의 미덕을 갖춰야 합니다. 그러면 머지않아 겸손이 가져다주는 이로움을 맛보게 될 겁니다.

막힌 인생을 뚫는 법

8. 항상 감사하라

원효대사는 당나라로 유학을 떠나는 길목에서 해골물을 마시고 '모든 것은 마음먹기에 달렸다'는 깨달음을 얻습니다. 이후 그는 당나라 유학을 포기하고 신라에 남아 제세구민에 힘썼습니다. 원효대사의 가르침은 마음가짐이 실제 결과로 이어진다는 내용입니다. 그렇다면 우리는 어떤 마음을 품고 살아가야 할까요?

정답은 '감사하는 마음'입니다.

'감사하는 마음'은 긍정적인 삶을 이끄는 원동력입니다. 감사는 행복의 원천이자, 성공의 비결입니다. '감사하라'는 말이 다소 진부하게 느껴질 수 있습니다. 하지만 진리는 세월에 구애받지 않습니다. 오래된 진리는 세련된 거짓말이 감당할 수 없는 진실하고 참된 힘을 품고 있습니다.

감사는 삶을 혁명적으로 바꾸어 줍니다. 부정에서 긍정으로, 하강에서 상승으로, 실패에서 성공으로, 먹통에서 형통으로, 패배에서 승리로 운명을 반등시킵니다.

타고난 환경은 바꿀 수 없습니다. 출신지와 부모, 외모, 재능 등은 억지로 바꾸기 어렵습니다. 거부할 수 없는 운명입니다. 필연은 끊어 내기 어려운 사슬과 같습니다. '싫어도 내 가족, 내 나라'입니다. 운명이 개인을 속박하는 힘은 굉장히 강력합니다. 운명의 질긴 속성 때문에 고금의 많은 문학이 '운명과 삶'을 주제로 삼았습니다. 그리스 신화에 나오는 오이디푸스^{Oedipus} 이야기처럼 거스를 수 없는 운명과 이에 도전하는 주체적 자아가 수많은 문학의 주된 모티프입니다.

그러나 '마음가짐'은 환경의 굴레에 예속되지 않습니다. 의지만 있다면 생각은 상황에 장악당하지 않습니다. 오히려 또렷한 마음이 외물(外物)을 통제하고 변화시켜 나갈 수 있습니다.

'러시아의 양심'으로 불리는 솔제니친$^{Solzhenitsyn, 1918~ 2008}$은 자신이 쓴 『이반 데니소비치의 하루』에서 스탈린 시대 소련의 집단 수용소인 굴라크(Gulag)의 일과를 묘사하고 있습니다. 이 소설은 1945년부터 1953년까지 실제 굴라크에 수용되었던 솔제니친의 생생한 경험을 바탕으로 쓰였습니다. 영하 40도를 넘나드는 시베리아의 강추위 속에서 수용자들은 멀건 죽 한 그릇과 딱딱한 흑빵을 먹으며 비인간적 중노동에 시달립니다. 소설은 이처럼 절망적인 상황에 처했을 때 드러나는 다양한 인간 군상의 모습을 현실적으로 그려 냈습니다.

가장 인상 깊은 인물은 소설 말미에 나오는 늙은 장기수입니

막힌 인생을 뚫는 법

다. 이름조차 알지 못한 채 단지 수인번호 'U-81'로 불리는 노인은 주위 환경에 휩쓸리지 않고 인간으로서의 품위를 유지합니다. 수십 년간의 고된 노역살이로 생기가 남아 있지 않지만, U-81은 늘 허리를 꼿꼿하게 펴고 얼마 되지 않는 귀리죽을 반듯하게 떠먹습니다. 딱딱한 배급 빵조차 더러운 식탁 위에 그대로 올려놓지 않고, 깨끗하게 세탁한 천을 바닥에 깔아 놓은 다음 품위 있게 식사를 합니다.

반면 전용 차량까지 타고 다녔던 고위관료 출신의 '페추코프'는 남들이 피우던 꽁초를 주워 피거나, 먹다 남은 음식 찌꺼기를 얻기 위해 기웃거리다 동료들에게 두들겨 맞는 등 민폐만 끼치는 추잡스러운 인물로 묘사됩니다. 소설은 이처럼 환경에 굴복한 사람과 그렇지 않은 사람을 극명하게 대비하여 어떤 모습이 '인간다운 것'인지 무거운 메시지를 던지고 있습니다. 솔제니친이 진정으로 하고 싶었던 말은 가는 곳마다 주인이 되고, 참된 곳으로 바꿔 나간다는 '수처작주 입처개진(隨處作主 入處皆眞)'의 자세가 아니었나 싶습니다.

생각이 곧 돌파구입니다. 특히 '감사하는 마음'은 삿된 현상을 극복하는 에너지원입니다. 마음에도 중력이 있습니다. 감사는 긍정적인 에너지를 끌어당기는 강력한 힘을 형성합니다. 감사하는 마음을 가지면 어둠이 물러가고 밝은 기운이 만들어집니다. 긍정적인 에너지가 힘 있게 응축되어 기회가 왔을 때 큰 발복을 이뤄낼 수 있습니다.

현실에서는 감사할 일만 있는 것은 아닙니다. 실제로는 반대에 가깝습니다. 불가(佛家)에서는 사람들이 살고 있는 속세를 '풍진(風塵)세상'이라고 부릅니다. 바람에 티끌이 날리듯 어지럽다는 뜻입니다. 이처럼 세상은 슬픔과 분노, 실망할 일로 넘쳐납니다. 따라서 어떻게 항상 감사할 수 있느냐고 되물을 수 있습니다.

감사는 내면에 구축된 하나의 세계관입니다. 감사해야 할 일이 따로 있는 게 아닙니다. 감사는 주관적 인식이지, 객관적 상황이 아니기 때문입니다. 우리는 숨 쉬고, 생각하고, 살아 있는 것 자체만으로도 감사할 수 있습니다. 부정적인 환경에 휘둘리지 않고 일상 속에서 작은 기쁨을 찾아 감사하는 습관을 길러야 합니다. 만일 긍정적인 마음이 없으면 복권 1등에 당첨되는 대박을 터뜨려도 감사할 줄 모르게 됩니다. 결국 감사할 줄 모르는 사람은 삶에서 감사할 일이 영영 사라지게 될 것입니다.

성경은 "범사에 감사하라"고 가르칩니다. 창조주의 섭리는 감사하며 살아가는 삶에 살뜰하게 작용합니다. 감사하지 않는 인생은 이러한 은총을 누릴 수 없습니다.

인생의 겨울에는 감사하는 마음이 필수입니다. 감사는 혹한 속에서 체온을 유지시켜 주는 따뜻한 옷과 같습니다. 감사하는 마음 없이는 절대로 겨울을 견뎌 낼 수 없습니다. 벌거벗겨진

막힌 인생을 뚫는 법

상태로 엄동설한에 내동댕이쳐진 것과 같습니다. 겉으로는 말수를 줄이고 안으로는 감사하는 마음을 갖는 것, 이것이 겨울을 현명하게 보내는 최선의 방법입니다.

엉킨 실타래 같은 상황 속에서 감사하는 마음을 먹는 건 쉬운 일이 아닙니다. 의지를 가지고 꾸준히 노력해야 합니다. 생각은 나의 것이지만, 내 마음대로 할 수 없습니다. 마음가짐에 수련이 필요한 이유입니다.

텍사스대 심리학 교수였던 블레어 저스티스[Blair Justice, 1927~2014]는 어머니 친구인 바이올렛 할머니가 100세 넘도록 장수하면서 행복하고 건강하게 살아갈 수 있었던 이유가 늘 궁금했습니다. 19세기에 태어난 그녀는 무려 3세기에 걸쳐 살아오면서 대공황 등 수많은 질곡을 겪었지만, 항상 내면의 행복을 유지했습니다. 소아마비에 걸린 70대 딸을 돌보면서도 새벽 2시까지 신문을 읽으며 총기를 잃지 않았고, 이웃들에게 친절하며 밝고 생기 있게 살아갔습니다.

마침내 블레어 교수는 바이올렛 할머니의 행복 비결은 알아냈습니다. 그것은 매 순간마다 감사하는 마음을 가지며 사는 것이었습니다. 그는 바이올렛 할머니를 관찰하고 깨달은 통찰을 『바이올렛 할머니의 행복한 백년』이라는 책으로 펴내 세상에 잔잔한 감동을 안겨 주었습니다.

나침반은 언제나 북극성을 가리킵니다. 항로를 잃어버려도 나침반의 바늘만 따라가면 언젠가는 뱃길을 찾을 수 있습니다. 이처럼 생각의 방향도 항상 감사하는 쪽으로 향하도록 노력해야 합니다. 그래야 길을 잃어버려도 다시 되돌아올 수 있습니다. 막힌 인생을 풀 수 있는 열쇠는 감사하는 마음에 있습니다. "팔자는 못 바꾼다"라는 말도 있지만 감사하는 마음을 가지면 가능합니다.

　매일같이, 의식적으로 끊임없이 감사하십시오.

9. 분에 넘치는 자리를 경계하라

자기 수준에 비해 과분한 자리가 주어졌다면 십중팔구 사지(死地)입니다. 세상에 공짜는 없습니다. 내게 걸맞지 않은 옷은 재앙입니다. 언젠가는 분에 넘치는 자리에 앉은 대가를 치르게 됩니다. 사람은 누울 자리를 보고 다리를 뻗어야 합니다. 모든 일에는 정해진 때와 합당한 절차가 있습니다. 성급하게 앞질러 가면 이로울 게 하나도 없습니다.

세계 최대의 분식회계 사건인 '엔론' 사태를 모티브로 삼아, 금융업계에 만연한 도덕적 해이를 비판한 영화 〈뻔뻔한 딕 앤 제인(Fun with Dick and Jane)〉이 2005년 개봉하였습니다. 짐 캐리가 연기한 주인공 딕은 한 기업의 홍보담당자로 일하고 있었습니다. 어느 날 사장이 딕을 부르더니 부사장 자리를 맡아 달라고 제안합니다. 졸지에 신분이 상승한 것으로 여긴 딕은 좋아서 어쩔 줄 모릅니다. 하지만 이것은 경영진의 음모였습니다. 회사 상황이 나빠지자 고의로 부도를 내고 모든 책임을 딕에게 뒤집어씌우기 위해 그를 임원으로 승진시킨 겁니다. 이런 사실

막힌 인생을 뚫는 법

을 모르는 덕은 얼씨구나 하고 감투를 받아쓰셨다가 호된 곤욕을 치르게 됩니다.

경계를 넘어서면 화(禍)를 입습니다. 자기 소명과 본분에 충실해야 위태롭지 않습니다. 우리나라는 예로부터 관직을 얻는 것 외에는 신분을 높이거나 자아를 개발할 수 있는 수단이 별로 없었습니다. 그 결과 자리가 곧 인격이라는 인식이 확고하게 자리를 잡게 되어 조금만 성공하면 너 나 할 것 없이 여의도로 몰려가는 폐단이 생겼습니다. 하지만 존경받는 언론인과 체육인, 기업인이 업계를 떠나 정치를 하겠다며 나서는 순간, 그동안 쌓아 온 명예와 지위를 한꺼번에 잃게 됩니다.

많은 사람들이 자리에 연연합니다. 하지만 자신이 자리에 어울리는 사람인지에 대해서는 깊이 고민하지 않습니다. 감투를 쓰는 것 자체가 목적이기 때문입니다. 내면이 부실할수록 자리에 집착합니다. 어깨에 두른 완장이 자신의 볼품없는 모습을 가려 줄 것이라 믿기 때문입니다. 그러나 어울리지 않는 옷을 입게 되면 결국 낭패를 당하게 됩니다. 남의 장단에 맞춰 광대 노릇만 하다가, 마지막에는 삶는 솥에 들어갈 운명에 처할 확률이 높습니다. 세상에 공짜는 존재하지 않기 때문입니다.

과분한 자리는 멸망으로 가는 지름길입니다. 대부분 자리의 무게를 견디지 못하고 무너집니다. 준비되지 않았는데 중책을 맡으면 반드시 패착을 두게 됩니다.

막힌 인생을 뚫는 법

춘추전국시대 조(趙)나라에는 조사라는 뛰어난 장수가 있었습니다. 그에게는 조괄이라는 아들이 있었는데, 영특했던 조괄은 어린 나이임에도 병서를 두루 섭렵했습니다. 사람들이 병법과 관련해 질문을 던질 때마다 조괄은 막힘없이 대답했습니다. 심지어 외모까지 준수했던 그는 명장으로 칭송받던 아버지를 쏙 빼닮았습니다. 하지만 어쩐 일인지 조사는 자신의 아들을 탐탁지 않게 여겼습니다.

시간이 흘러 조사가 죽고 진(秦)나라 장수 왕흘이 국경을 넘어 쳐들어오자 조나라 효성왕은 조괄을 대장군으로 삼아 침략을 막게 하기로 결심합니다.

하지만 조괄의 어머니는 "이 애의 아버지는 생전에 '괄이는 전쟁을 너무 가볍게 여기고 있으니 절대 중책을 맡겨서는 안 된다'고 여러 번 이야기한 바 있습니다. 제발 명을 거두어 주십시오"라고 간언했습니다. 병환으로 자리에 누워 있던 재상 인상여도 "조괄은 책만 읽었을 뿐 실제 전쟁에 대해서는 아는 것이 없습니다"라며 반대했지만 받아들여지지 않았습니다. 왕은 이미 조괄의 준수한 외모와 현란한 말솜씨에 흠뻑 빠진 상태였습니다. 마침내 조괄은 대장군이 되었습니다.

40만 대군을 이끌고 의기양양하게 출정한 조괄은 백전노장인 염파 장군이 애써 세워 놓은 전략을 이것저것 뜯어고치며 제멋대로 군대를 운용합니다. 그 사이 진나라는 군사령관을 왕흘에서 백기로 교체하고 두 갈래 길로 군사를 나누어 장평(長平)에서 조나라 군대를 40일간 포위합니다. 군량이 바닥나자 시체까지 뜯어먹으며 버티던 조나라 군대는 결국 대패하였고 조괄도 화살을 맞아 전사합니다.

진나라는 수십만이나 되는 조나라 포로들을 모조리 생매장해 버렸는데, 인구가 국력이었던 고대사회에서 국가 생산력의 중추를 담당하는 젊은 남성들이 대거 갱살(坑殺)당한 조나라는 끝내 재기하지 못하고 30년 뒤 멸망하고 말았습니다. 이후 조괄처럼 이론에만 능하고 현실은 전혀 모르는 애송이들이 탁상공론을 일삼는 현상을 일컬어 지상담병(紙上談兵)이라 부르게 되었습니다.

당시 전쟁의 충격과 여파가 얼마나 컸던지 인근 지역에서는 현재까지도 '백기를 삶는다'는 뜻을 가진 '츠바이치(吃白起)'라는 두부 요리를 먹습니다.

장평대전은 당시 조나라와 진나라가 국운을 걸고 벌인 대규모 회전이었습니다. 전쟁에 참여한 군사 수가 과장됐다는 주장도 있지만, 전투가 벌어졌던 지역에서는 현재까지도 많은 유골이 출토되고 있습니다. 1995년 중국의 국가문물국은 장평대전에서 생긴 것으로 추정되는 유적을 발굴했는데, 출토 유골 대부분이 화살에 맞거나 두개골이 깨져 있는 등 성한 곳이 없어 당시의 끔찍했던 상황을 증언하고 있습니다.

막힌 인생을 뚫는 법

여담이지만 대학살을 자행한 백기 또한 끝이 좋지 않았습니다. 장평대전 이후 백기는 조나라 수도인 한단(邯鄲)으로 바로 진격해 조나라의 숨통을 완전히 끊어야 한다고 주장했습니다. 하지만 백기가 공을 세우는 것을 질투하던 범수가 소양왕에게 한단 공격을 늦추자고 건의했습니다. 이 때문에 진나라는 조나라를 단숨에 무너뜨릴 수 있는 결정적 기회를 놓치고 말았습니다. 소양왕은 다시 백기를 불러 군 지휘권을 맡기려 했지만 처음에 자신의 청이 받아들여지지 않았던 것에 대하여 불만을 가진 백기는 지휘를 거부합니다. 그러자 머리끝까지 화가 난 소양왕은 백기에게 자결을 명했습니다. 백기는 죽기 전 다음과 같이 고백했습니다.

> "장평에서 조나라 병사 수십만을 속이고 구덩이에 파묻었으니 나는 죽어 마땅하구나(我固當死. 長平之戰, 趙卒降者數十萬人, 我詐而盡阬之, 是足以死)."

분에 넘치는 감투는 재앙의 씨앗입니다. 아직 준비되지 않았다고 생각되면 좋은 제안도 때로는 마다할 줄 아는 지혜가 필요합니다. 준비되지 않은 상태에서 자리를 탐하면 조괄처럼 패가망신할 뿐 아니라, 조직을 큰 위기에 빠뜨릴 수 있습니다.

명재상 다니엘은 신바빌로니아 제국(BC 626~539)에게 멸망

막힌 인생을 뚫는 법

당한 남유다 왕국의 포로였습니다. 그는 남다른 선구안으로 포로 신분을 극복하고 이름을 떨쳤습니다. 정복 군주 네부카드네자르 2세의 치세가 끝나자 신바빌로니아의 국운도 서서히 기울기 시작했습니다. 신바빌로니아는 네부카드네자르 2세 사후 50년도 지나기 전인 벨사자르 왕 시대에 이르러 완전히 멸망하고 말았습니다. 성경에는 바빌로니아 왕국의 멸망 전날에 벌어진 이야기가 전해져 내려옵니다.*

바빌론의 마지막 군주였던 벨사자르는 어느 날 자신의 궁에서 귀족들을 위해 큰 연회를 베풀고 기분이 좋아졌습니다. 그는 유다 왕국을 멸망시켰을 때 전리품으로 노획한 금그릇을 가져와 호기롭게 술을 부어 마셨습니다.

당시 바빌론은 페르시아와 한창 전쟁 중이었습니다. 신흥 강호 페르시아는 곳곳에서 신바빌로니아군을 무너뜨리고 마침내 수도를 포위하기에 이르렀습니다. 수도 바빌론성은 당시 최고의 시설과 방어성벽을 갖춘 지상 최대의 도시였습니다. 고고학적 발굴에 따르면 바빌론 성벽은 높이가 14m에 달했고, 성벽 통로는 말 8마리가 동시에 달릴 수 있을 정도로 넓었습니다. 외벽바깥은 넓은 해자가 둘러싸고 있어 난공불락의 금성탕지나 마찬가지였습니다. 벨사자르도 바빌론 성의 강력한 방어력을 믿고 짐짓 태연하게 주연을 베풀었던 것으로 보입니다.

---

* 다니엘서 5장

그런데 갑자기 허공에 손가락이 나타나더니 벽에 "메네 메네 데겔 우바르신"이라고 적었습니다. 많은 책사들이 나섰지만 아무도 글자를 해석하지 못해 쩔쩔매었습니다. 보다 못한 왕비가 다니엘을 불러와 의미를 풀어 보게 하자고 건의했습니다. 은퇴한 다니엘은 다시 왕궁에 호출되어 불려 나왔습니다. 벨사자르는 다니엘에게 "네가 만일 이 문자를 해석하면 자주색 옷을 입혀 주고 금사슬을 목에 걸어 줄 뿐만 아니라 이 나라의 셋째 통치자로 삼겠다"고 말했습니다.

하지만 다니엘은 "그런 예물은 왕이 직접 가지시고, 상급은 다른 사람에게 주십시오. 하지만 뜻은 풀어 드리겠습니다"라고 말합니다.

그는 벽에 새겨진 글자를 하나하나 짚어 가며 "바벨론의 시대는 이제 끝났고, 왕은 부족함이 많았으며, 나라는 둘로 나뉘어 메디아와 페르시아에게 귀속될 것"이라고 해석합니다. 과연 예언대로 그날 저녁 벨사자르는 죽임을 당하고 페르시아가 바벨론을 점령합니다.

지혜로운 다니엘은 글자를 본 순간 바빌로니아의 명운이 길지 않았음을 알았습니다. 곧 멸망할 나라에서 일인지하 만인지상(一人之下 萬人之上)의 자리에 오른들 무슨 의미가 있을까요. 다니엘이 벨사자르 왕의 관직 제수를 일언지하에 거절한 이유입니다. 왕은 다니엘의 의사와 관계없이 그를 셋째 통치자로 삼

막힌 인생을 뚫는 법

는 조서를 내리지만, 그날 바로 죽임을 당했다고 하니 큰 의미
는 없었습니다.

어쩌면 다니엘은 새롭게 부상하는 페르시아에서 살아남기 위
해 '죽을 자리'를 거부한 것일 수 있습니다. 고대사회에서 패잔
국가의 '높은 자리'는 사형선고나 다름없었습니다. 현명하게 처
신했던 다니엘은 페르시아 제국에서도 중용되어 관방을 다스리
는 총리직에 임명되었습니다.

권력에 눈이 뒤집히면 물불을 가리지 않게 됩니다. 죽기 직전
까지 치열하게 감투 전쟁을 벌입니다. 히틀러의 제3제국이 항
복을 불과 일주일 앞둔 시점에서도, 베를린 지하에 있는 퀴퀴한
총통벙커(fuerer bunker)에서는 나치 지휘부 사이의 권력 다툼
이 끊이지 않았다고 합니다.

자리를 맡기 전에는 여러 번 숙고하고 신중하게 결정해야 합
니다. 다음과 같은 네 가지 질문을 던져 보는 것도 좋은 방법입
니다.

"명분과 세력이 존재하는가?"

"내가 좋아하고, 잘할 수 있는 일인가?"

"제안에 숨은 의도는 없는가?"

"제안한 사람을 신뢰할 수 있는가?"

네 질문 중 하나라도 거리낌이 있으면 거부하는 것이 현명합니다. 명분과 세력이 없다면 가 봐야 고생만 하다 책임을 뒤집어쓸 수 있습니다. 이런 곳은 가지 않은 것이 좋습니다. 자칫 오명을 쓰고 말년이 꼬일 수 있습니다. 정권이 바뀐 후 역대 국정원장들의 운명이 어떠했는지 참고하는 것이 좋습니다.

좋아하고 잘할 수 있는 일이 아니라면, 내심 떡고물을 탐내고 있을 확률이 높습니다. 송충이는 솔잎을 먹어야 합니다. 어울리지도 않는 곳에서 행세해 봐야 오래가지 않습니다. 사람들의 눈에는 우스꽝스러운 허수아비로 비춰질 뿐입니다. 적성과 역량을 고려해야 합니다. 스스로 '역부족'이라는 생각이 들 경우에는 자리를 물리는 것이 현명합니다.

좌우 판세를 살펴서 제안에 숨겨진 다른 목적은 없는지도 유념해야 합니다. 희생양이 필요한 것은 아닌지, 꿩 대신 닭으로 쓰기 위함은 아닌지, 소모품으로 활용할 생각은 아닌지 등등을 꼼꼼하게 따져 보는 것이 좋습니다. 누군가를 위해 불쏘시개 역할을 해야 한다면 피하는 것이 상책입니다.

제안한 사람이 누구인지도 따져 봐야 합니다. 메시지만큼이나 메신저의 됨됨이도 중요합니다. 신뢰하기 어려운 사람이 제안을 들고 왔다면 사양하는 것이 낫습니다. 반면 미덥고 의지할 수 있는 사람이 제안했다면 살펴볼 필요가 있습니다. 콩 심은 데 콩 나고, 팥 심은 데 팥 나오기 마련입니다.

막힌 인생을 뚫는 법

인생의 겨울에는 처신과 행보에 각별히 신중해야 합니다. 상황이 여의치 않다고 지푸라기라도 잡는 심정에 아무 자리나 맡아서는 안 됩니다. 그러면 얼마 지나지 않아 사지(死地)에 내몰렸다는 점을 깨닫게 될 것입니다. 태산같이 무겁게 움직이면서 몸담을 곳을 정해야 합니다.

10. 때를 기다려라

"슬기로운 자는 재앙을 보면 숨어 피하여도 어리석은 자는
나가다가 해(害)를 받느니라."*

  겨울은 만물이 위축되는 시기입
니다. 야생동물은 겨울이 오기 전에
조용히 은거할 곳을 찾습니다. 찬
바람이 불고 낙엽이 떨어지면, 동굴
속에 웅크리거나 겨울잠을 자면서
봄이 오기를 기다립니다. 동물들은
겨울이 지나면 봄이 온다는 사실을
알고 있습니다. 힘을 아끼면서 때를
기다려야 한다는 이치를 선험적으
로 갖추고 있는 겁니다.

  인생도 마찬가지입니다. 역운(逆運)을 맞으면 무슨 일을 해도

* 잠언 22장 2절

막힌 인생을 뚫는 법

자꾸 어긋납니다. 패착을 거듭하면서 잘나가던 사업도, 연애도, 인간관계도 한순간에 거꾸러집니다. 이때는 삶의 전략을 살짝 비틀어서 무위(無爲)의 미덕을 발휘해야 합니다. 태풍이 지나갈 때까지 차분하게 기다리는 것도 방편입니다. 무조건 애쓰고 수고한다고 상황이 나아지지 않습니다. 일을 벌일수록 오히려 악화될 뿐입니다. 배가 폭풍 한가운데로 들어가면 돛을 거두고 비바람이 멎을 때까지 기다리는 게 상책입니다. 운이 꼬이는 시기에는 만남을 자제하고, 대외적인 업무를 줄여 가면서 내실을 다지는 데 힘을 쏟아야 합니다. 아무리 노력해도 겨울에는 꽃이 피지 않습니다. 봄이 올 때까지 기다려야 합니다.

왕년에 잘나가던 사람일수록 겨울을 견디는 것을 힘들어합니다. 과거의 성공 경험에 매몰돼 완력으로 상황을 뒤엎으려 합니다. 하지만 손을 댈수록 피해가 걷잡을 수 없이 커집니다. 결국 호미로 막을 일을 가래로도 막지 못하게 되는 상황에 처하게 됩니다. 반대로 젊은 시절 풍파를 겪어 인생에 굵은 마디가 새겨진 사람들은 위기를 맞아도 인내심을 가지고 끈기 있게 헤쳐 나갈 수 있습니다. 겨울을 현명하게 보내는 방법을 알기 때문입니다. 하지만 이른 시기에 성공을 맛본 사람은 한순간에 무너질 수 있습니다.

2017년 7월, 한때 '커피왕'으로 불리던 카페베네 창업주 강훈 대표가 자택에서 스스로 목숨을 끊었습니다. 그의 쓸쓸한 최후는 국민들에게 큰 충격을 안겨 주었습니다. 강 대표는 자신이 설립한 프랜차이즈 주스 브랜드 '망고식스'가 법정관리를 받게 되자, 법원의 회생절차 심문을 하루 앞두고 스스로 목을 매 세상을 떠났습니다.

1992년 신세계 그룹에 공채 1기로 입사한 강 대표는 미국의 스타벅스 체인점을 국내에 들여오는 기획팀에서 근무하며 일찌감치 프랜차이즈 커피 브랜드의 가능성을 간파했습니다. 이후 IMF 구제금융의 여파로 스타벅스 국내 론칭이 차일피일 미뤄지자 독립을 결심합니다.

물실호기(勿失好機)입니다. 강 대표는 1998년 동업자와 함께 '할리스(Holly's) 커피'를 창업해 성공적으로 궤도에 올린 뒤 사업체를 CJ에 매각합니다. 2008년에는 다시 토종 커피 브랜드인 '카페베네'를 창립했는데, 설립 2년 만에 점포 수를 500개나 늘리면서 가파른 성장가도를 달렸습니다. 카페베네의 성공은 기정사실처럼 보였고, 세상은 그를 향해 '커피왕'이라는 영예로운 칭호를 부여했습니다.

하지만 눈부신 도약 이면에는 부실성장의 그늘이 깔려 있었습니다. 점포가 기하급수적으로 늘면서 부채도 감당할 수 없는 수준으로 커져 갔습니다. 엎친 데 덮친 격으로, 커피 맛과 매장 서비스에 대한 고객들의 불만이 여기저기서 터져 나왔습니다. 외형 성장에 급급한 나머지 고른 품질을 유지하는 데 소홀했던

막힌 인생을 뚫는 법

탓이었습니다.

"여기는 매장마다 맛이 다 다르단 말이야."

무리한 성장에 따른 경고음이 곳곳에서 울렸습니다. 강 대표가 스타벅스를 국내에 들여오던 90년대와는 프랜차이즈 업황이 많이 달라졌습니다. 커피 전문점은 이미 레드오션이 된 상황이었습니다. 브랜드 사이의 경쟁이 치열해진 만큼 제품과 서비스 퀄리티 향상에 만전을 기해야 했지만, 이 시기 카페베네는 내실을 다지는 데 실패하였습니다.

강 대표는 다시 한번 정면돌파를 시도합니다. 2011년 자신의 이름을 딴 KH컴퍼니를 설립하고 카페베네의 분점 형식으로 '망고식스'라는 주스 브랜드를 론칭했습니다. 이미 겨울이 임박했다는 징조가 뚜렷했지만, 오히려 사업을 확장하며 상황을 역전하려고 했습니다.

하지만 우려했던 대로 망고식스는 기대 이하의 성과를 냈습니다. 강 대표는 다시 '디센트'라는 커피 브랜드를 내세우며 재기를 노렸지만 별다른 주목을 받지 못했습니다. 업계는 이미 커피 브랜드가 넘칠 대로 넘치던 상황이었습니다. 반전의 모멘텀을 얻지 못한 강 대표는 결국 49살이라는 아까운 나이에 스스로 목숨을 끊고 말았습니다.

내실보다 외형 성장에 집착하면 무너질 확률이 높습니다. 근본이 약하기 때문입니다. 한 그루의 나무가 정상적으로 자라는 데에는 적지 않은 시간이 걸립니다. 매일같이 물을 주고 햇볕을 쬐인다고 새싹이 하루아침에 아름드리나무가 되지는 않습니다. 먼저 뿌리를 내리고, 충분한 자양분을 흡수하여 줄기와 잎이 건강하게 자리를 잡은 뒤에야 생장할 수 있습니다. 마음만 급해서는 아무 일도 성취할 수 없습니다. 기다리고, 인내하면서 내면의 그릇을 키우는 데 집중해야 합니다.

기다림은 천시(天時)를 얻기 위함입니다. 인생의 겨울이 왔다면 순리에 따라 조용히 때를 기다리는 것이 지혜롭습니다. 겨울은 춥고, 배고픈 시기입니다. 반면 한 단계 성숙할 수 있는 발판을 마련해 주기도 합니다. 성숙을 위해 반드시 거쳐야 할 통과의례이자 훈련 과정입니다.

거친 파도가 훌륭한 선원을 만들어 내듯이, 인생의 겨울은 사람을 강하게 만들어 줍니다. 특히 겨울에는 재능과 역량이 응축되는데, 이는 훗날 인생을 견인하는 에너지로 활용됩니다. 재능과 힘의 응축이 없다면, 폭발적인 성장도 기대하기 어렵습니다.

사람의 인생은 수렴하는 시기와 발산하는 시기로 나뉩니다. 재능을 마음껏 드러내 사회에서 역할을 다하는 시기가 발산기이고, 실력을 쌓으며 힘을 축적하는 시기가 수렴기입니다. 처음부터 완전한 상태로 태어난 사람은 없습니다. 길든 짧든 수렴과 응축의 시기를 보내야 제대로 실력을 쌓을 수 있습니다.

에너지 응축이 깊이 진행될수록 발산기에 큰 도약이 이뤄짐

막힌 인생을 뚫는 법

니다. 오랜 무명생활을 거치면서 단단하게 연기 훈련을 한 배우가 나중에 기회를 만나 훨훨 날아다니는 것과 같은 이치입니다.

배우 설경구는 10년이 넘는 세월 동안 이름 없는 배우로 지냈습니다. 그는 대학 졸업 후 극단을 나와 단역 활동과 아르바이트를 전전하며 힘겨운 시절을 보냈습니다. 한번은 길거리에서 극단의 포스터를 열심히 붙이다가 우연히 〈뮤지컬 지하철 1호선〉에 캐스팅되었고, 1994년부터 1996년까지 뮤지컬 내 거의 모든 역할을 맡는 진기록을 세웠습니다. 그는 소박한 역할과 작은 기회를 소중히 여기며 꾸준히 실력을 키워 나갔습니다. 겨울을 헛되이 보내지 않고 실력 향상에 몰두했기 때문에 연기력이 탄탄하게 뿌리내릴 수 있었습니다.

마침내 기회가 찾아왔습니다. 설경구는 이창동 감독이 연출한 영화 〈박하사탕〉(1999)에서 점차 순수함을 잃어 가는 주인공 영호 역을 맡았습니다. 영화 초반부에 영호가 자신을 향해 돌진하는 기차를 바라보며 "나 다시 돌아갈래!"라고 절규하는 장면은 관객들에게 강렬한 인상을 심어 주었습니다. 이후 한국 영화사에서 명장면을 꼽으라면 빠지지 않고 등장하는 신(scene)이 되었습니다.

첫 주연을 맡은 이 영화에서 설경구는 그동안 키워 온 재능을 마음껏 펼쳤고, 관객과 평론단은 그의 열연에 호평을 쏟아 냈습니다. 설경구는 〈박하사탕〉으로 제37회 대종상 영화제에서 신

인 남자 배우상을, 제36회 백상예술대상과 제21회 청룡영화상
에서 각각 남자 신인 연기상과 남우주연상을 받았습니다. 겨울
을 보내며 축적한 재능이 마침내 기회를 얻어 폭발한 것입니다.

인생의 겨울은 에너지를 모으고 내공을 축적하는 시기입니
다. 이때는 근성과 끈기를 익히고 부단히 자신을 연마해야 합니
다. 가시적인 성과가 당장 눈앞에 펼쳐지지 않기 때문에 겉보기
에는 답답한 상황이 이어집니다. 하지만 내부에서는 착실하게
힘의 응축이 이루어집니다. 인고의 시간을 자양분 삼아 꾸준히
수련한다면 봄이 왔을 때 경천동지(驚天動地)할 수 있는 힘을
발휘할 수 있습니다.

겨울을 봄에 틔울 씨앗을 품는, 소중한 기회로 활용해야 합
니다.

막힌 인생을 뚫는 법

11. 인내하라

모든 일에는 때가 있습니다.

나아갈 때가 있고 물러나야 할 때가 있으며, 싸워야 할 때가 있고 양보해야 할 때가 있습니다. 슬퍼할 때가 있고 기뻐할 때가 있으며, 잠잠해야 할 때가 있고 말해야 할 때가 있습니다.[*]

재주 많은 사람이 실패하는 이유는 늘 앞서 나가기 때문입니다. 때가 무르익지 않았는데 성급하게 싹을 틔우려다 고생만 하고 남에게 기회를 빼앗깁니다. 그 결과 조용히 뒤따라오던 사람이 어부지리를 얻고는 합니다.

인내는 성공으로 가는 열쇠입니다. 재주가 많아도 참을성이 없으면 대성할 수 없습니다. 겨울에는 꽃이 피지 않습니다. 재능을 펼치기 위해선 기다릴 줄 알아야 합니다. 재승박덕(才勝薄德)한 인재는 굴 밖으로 뛰쳐나간 호랑이처럼 참을성이 부족해 일을 그르치고 맙니다. 세상에 재주 많은 사람은 많습니다. 하지만 인내할 줄 아는 사람은 적습니다. 인동초와 같이 힘들고

---

* 전도서 9장 11절

어려운 시기를 묵묵히 견딜 줄 알아야 마지막에 꽃을 피울 수 있습니다.

초년에 출세하는 '소년등과'는 '중년상처', '노년빈곤'과 더불어 인생의 3대 불행으로 꼽힙니다. 어린 나이에 출세하면 교만한 마음이 싹터 세상을 얕보게 됩니다. 젊은 시절은 겸손과 인내를 배우고 다른 사람의 말을 경청하는 습관을 체득하는 시기입니다. 이를 통해 나아갈 때와 물러갈 때를 알고 올바르게 처신할 수 있습니다. 그릇이 미처 완성되기 전에 음식을 담으면, 그릇도 망가지고 음식도 쏟아질 수 있습니다.

사람은 시련을 겪을 때마다 대나무처럼 굵직한 마디가 삶에 새겨집니다. '인생의 마디'는 더 큰 성장과 도약을 가능하게 하고, 어려움을 헤쳐 나갈 수 있는 기개를 심어 줍니다. 사람은 마디가 새겨진 사람과 그렇지 않은 사람으로 구분됩니다. 마디가 없으면 암초를 만났을 때 쉽게 좌초합니다.

이른 나이에 성공한 기업인과 연예인들이 한순간에 몰락하는 사례는 지금도 심심치 않게 찾아볼 수 있습니다. 이들은 재주가 없어 망한 게 아닙니다. 마디 없이 빠르게 크는 데만 열중하다 고삐를 놓쳐 실기한 것입니다.

중국 극동 지방에서 자라는 모소 대나무는 씨앗을 뿌리면 4년 동안 거의 자라지 않고 뿌리만 깊숙이 뻗어 내려갑니다. 그렇게 5년이 지나면 하루에 30cm씩 자라 올라 6주 만에 15m가 훌쩍

막힌 인생을 뚫는 법

넘게 생장한다고 합니다. 만일 뿌리가 약한 상태에서 줄기를 올리는 데 주력했다면 세찬 바람을 견뎌 내지 못하고 중간에 쓰러졌을 겁니다.

인생의 마디는 실패의 과정을 거치며 만들어집니다. 마디가 하나씩 생길 때마다 도량이 커지고 능력이 향상됩니다. 이 같은 과정을 통해 인품이 충분히 도야한 다음에야 비로소 채움이 있을 수 있습니다. 좋은 인연이 문을 두드리고, 위기가 기회로 바뀌면서 역전과 반등에 성공하게 됩니다. 조급해하면서 일희일비(一喜一悲)하는 사람은 이런 복을 누릴 자격이 없습니다. 근본이 약하기 때문입니다. 메뚜기처럼 방정맞게 굴다가 겨울이 오면 소리도 없이 사라집니다.

만물이 지닌 가치는 상대적입니다. 때와 장소에 따라 효용성이 달라집니다. 어느 장소에서, 어느 시기에, 무엇이 요구되는지 아는 것이 참된 지혜입니다. 너무 앞서 나가서는 안 되며, 지나치게 뒤처져서도 안 됩니다. 정확한 시간과 장소(right time, right place)가 성공의 요체입니다.

한진그룹의 설립자 조중훈 회장은 일제시대 휘문고보를 다니다가 가세가 기울자 진해로 건너가 고등해원양성소 기관과에 입학했습니다. 그 뒤 일본 고베에 있는 후지무라 조선소에서 숙련 기술자로서 경험을 쌓고, 2등 기관사 자격을 취득합니다. 이후 선원이 되어 동남아 일대를 돌아다니며 견문을 넓혔습니다.

막힌 인생을 뚫는 법

1942년 귀국해 종로 일대에 공업사를 세우고 목탄차 엔진을 수리하는 일을 시작했는데, 솜씨가 좋아 늘 손님이 붐볐다고 합니다. 이후 광복을 맞이하자 27살의 나이에 인천에서 '한진상사'를 세우고 수송업에 투신하였습니다.

어느 날 조 회장은 낡은 트럭에 물건을 싣고 인천에서 서울로 오고 있었습니다. 그런데 길가 한켠에 한 미국 여성이 곤란한 표정을 지으며 서 있었습니다. 조 회장이 다가가 살펴보니 차가 갑자기 고장 나 어찌할 줄 모르고 있었던 것이었습니다. 조 회장은 땀을 뻘뻘 흘리면서 1시간 반이나 걸려 차를 고쳐 주었습니다. 그리고 며칠 뒤에 여인이 남편과 함께 조 회장을 찾아왔습니다. 남편은 다름 아닌 미8군 사령관이었습니다. 사령관은 사례금이라며 돈이 두둑하게 든 봉투를 내밀었습니다. 그러자 조 회장은 "한국인에게 이 정도 친절은 당연한 일"이라며 거부했습니다. 감동을 받은 사령관은 그러면 어떻게 하면 당신을 도울 수 있겠느냐고 물었습니다.

"미군에서 쓰다 버리는 폐차를 넘겨주시면 그것을 고쳐서 사용해 보겠습니다."

조 회장이 대답하자 사령관은 흔쾌히 수락했고, 그는 미군에서 버려지는 폐트럭 '도라꾸'를 불하받아 사업의 발판을 마련할 수 있었습니다. 이후 한진은 국내 최고의 물류·수송기업으로 발돋움해 나갔습니다.

조 회장이 인터뷰를 통해 스스로 밝힌 이 일화는 인생의 타이밍이 만들어 낸 기적 같은 이야기를 담고 있습니다.

조 회장은 자동차를 고칠 수 있는 뛰어난 기술이 있었고, 어려움에 처한 이웃을 외면하지 않는 따뜻한 품성을 지녔습니다. 나아가 최선의 방식으로 보상을 받을 수 있는 지혜와 현명함도 갖췄습니다. 그는 이미 대성할 수 있는 잠재력을 갖추고 있었으며 오로지 때가 무르익기만 기다리고 있었습니다.

마침내 신묘막측한 일이 벌어졌습니다. 자동차가 고장 나 어쩔 줄 모르고 있던 미군 사령관의 부인이 눈앞에 나타난 겁니다. 타이밍이 너무 절묘해서 필연으로 밖에는 해석할 여지가 없습니다.

만일 조 회장이 그날 힐끗 쳐다만 보고 여성을 외면했거나, 혹은 자동차를 고칠 기술이 없었거나, 사례금만 두둑이 받고 끝났다면 지금의 한진그룹은 없었을지도 모릅니다. 하지만 그는 잠룡(潛龍)이 여의주를 얻어 하늘로 비상하듯 기회를 놓치지 않고 날아오를 수 있었습니다.

인생의 겨울에는 차분하게 때를 기다리는 지혜가 필요합니다. 계절이 무르익어야 열매를 맺을 수 있습니다. 거목으로 자라날 수 있는 나무의 씨앗도 기후가 맞지 않으면 싹을 틔울 수 없습니다. 성급하게 굴지 말고 '나를 위한 때'가 오기를 인내해야 합니다. 준비를 마치면 누구에게나 기회가 찾아옵니다. 이

사실을 절대 잊어서는 안 됩니다. 기회가 오지 않았다면 아직 준비가 덜 되었기 때문입니다. 조중훈 회장의 일화처럼 기회는 가장 완전한 타이밍에 찾아옵니다. 따라서 겨울에는 다른 사람의 비상을 부러워하지 말고, 언젠가 찾아올 '나의 때'를 위해 부단히 노력하는 자세가 필요합니다.

막힌 인생을 뚫는 법

12. 신용은 반드시 지켜라

규칙을 잘 지켜야 이롭습니다.

우리는 어려서부터 끊임없이 규칙을 잘 지키라는 교육을 받습니다. 하지만 왜 그래야 하는지 근본적인 이유에 대해서는 질문을 던지지 않습니다. 규칙 준수의 본질은 '약속을 어기지 않는 것'입니다. 즉, 충실함(loyalty)과 정직함을 표상합니다. 재주가 많더라도 신용이 없는 사람과는 연대하기 어렵습니다. 약속의 무게를 알지 못하는 사람은 결정적 순간에 실책을 범하여 큰 사달을 낼 수 있습니다.

반칙도 습관입니다. 교통신호를 무시하는 사람, 버스정류장에서 새치기를 하는 사람, 남의 아이디어를 가로채는 사람, 툭하면 말을 번복하는 사람. 친구의 답안지를 커닝하는 사람, 자신의 말을 식언(食言)하는 사람 등 사소해 보이지만 이 모든 행동에는 '신뢰할 수 없는 사람'이라는 의미가 담겨 있습니다. 행동하나만 봐도 그 사람의 격(格)과 수준을 가늠할 수 있습니다. 인생의 겨울을 극복하기 위해서는 넓고 멀리 보아야 합니다. 약간

손해가 나더라도 약속을 지키며 신용을 유지하는 것이 장기적으로 보탬이 됩니다. 신용, 평판 가치는 한번 훼손되면 좀처럼 복구하기 어렵습니다.

알프스 산맥에 자리한 스위스는 험준한 산세와 지형 때문에 산업이 발달하기 어려웠습니다. 하지만 험악하고 거친 환경과 싸워야 했기 때문에 주민들은 저돌적이고 용맹한 기질을 갖출 수 있었습니다. 이러한 강점을 이용해 스위스는 일찌감치 용병 산업에 뛰어들었습니다. 그리고 13세기 무렵부터 전 유럽에 무위를 떨치게 됩니다. 할버드(halberd)라고 불리는 독특한 장창을 휘두르며 적군을 향해 무자비하게 돌진하는 스위스 용병은 한때 유럽 각지에서 공포의 대상으로 군림했습니다.

하지만 스위스 용병이 차별화될 수 있었던 결정적 이유는 용맹함 때문만이 아닙니다. 진짜 이유는 신용에 있었습니다. 용병은 돈을 받고 전투를 대신 치러 주는 존재입니다. 애국심이나 신념 때문에 싸우는 것이 아니어서, 이들에게는 높은 사명감을 기대하기 어려운 것이 통념입니다. 하지만 스위스 용병은 달랐습니다. 비록 돈을 받고 무력을 빌려주는 입장이었지만 한번 체결한 계약은 끝까지 지켰습니다. 전황이나 판세와 관계없이 보수를 지급한 고용주를 위해 끝까지 최선을 다했습니다. 심지어 목숨을 잃는 한이 있어도 말입니다.

고용주 입장에서 스위스 용병은 신뢰할 수 있는 파트너였습

막힌 인생을 뚫는 법

니다. 상황이 불리해지면 도망가 버리는 '용역 깡패' 수준에 머물던 다른 용병들과 달랐습니다. 군기가 엄정하고 신의가 있는 스위스 용병에 대한 수요는 급증할 수밖에 없었습니다.

스위스의 각 주(州)정부도 주요 국가 수입원으로 자리 잡은 용병의 품질을 유지하고 사회적 신용을 지키기 위해 고용주와의 약속을 어기거나 탈영한 병사들이 귀국할 경우 가차 없이 처벌했습니다.

1527년 신성로마제국의 황제인 카를 5세에 의해 자행된 대규모 로마 약탈 당시 500명의 스위스 용병은 정규군이 모두 죽거나 도망가 버린 절망적인 상황에서도 전장을 이탈하지 않고 끝까지 사투를 벌입니다. 고용주인 클레멘스 교황조차 스위스 용병들에게 "고향으로 돌아가도 좋다"라고 말했지만 이들은 단 한 명도 도망치지 않고 끝까지 싸웠습니다. 신용을 지키기 위해서입니다. 그 결과 교황의 탈주를 도운 42명을 제외하고는 모조리 전사하고 말았습니다. 이때 보여 준 충성심과 투지에 감복한 교황청은 이후 스위스 출신만 근위대원으로 채용하였고, 이 전통은 지금까지도 이어지고 있습니다.

1792년 프랑스 혁명 당시 튈르리궁에 유폐되어 있던 루이 16세는 몰래 탈출을 시도하다 발각돼 시민군의 공격을 받게 됩니다. 왕을 지키던 수비대는 하나둘 사라지고 오직 768명의 스위스 용병만 남았습니다. 혁명군과 루이 16세는 한목소리로 스위스

막힌 인생을 뚫는 법

용병들을 향해 "이 전쟁은 당신들과 아무런 상관없으니 고향으로 돌아가라"고 설득했습니다. 하지만 이들은 '한번 지킨 신의는 끝까지 지킨다'고 결정하고 전투에 참여해 전원이 사망합니다.

스위스 루체른에는 이날 사망한 용병들을 기리는 '빈사의 사자상'이 세워져 있는데 석상에는 '스위스인들의 신의와 용맹'이라는 뜻을 가진 "HELVETIORUM FIDEI AC VIRTUTI"라는 라틴어 문구가 적혀 있습니다. 이제 용병은 사라졌지만 스위스의 남다른 신용 정신은 스위스 은행이 이어받아 그 명성과 전통을 유지하고 있습니다.

사람의 품격을 평가하는 기본적인 척도가 바로 신뢰성입니다. 격이 낮은 사람은 약속을 잘 지키지 않고, 신용도 불량합니다. 반면 격이 높은 사람은 약속과 규범을 잘 지키며 신용을 중시합니다. 사업 파트너를 고르거나 반려자를 찾을 때도 신용을 갖췄는지 먼저 살펴야 합니다.

대형 유통기업에서 바이어로 근무하던 시절의 이야기입니다.

협력업체인 I사의 L대표는 서글서글한 인상에 유순한 성격을 갖추고 있었습니다. 달변이어서 말을 재미있게 하였는데, 대화를 나누면 1~2시간은 금세 지나가 버릴 정도였습니다. 하지만 한 가지 문제가 있었습니다. L대표는 약속을 잘 지키지 않았습니다. 시간 약속을 하면 10~20분씩 늦기 일쑤였고, 납품일도 잘 지키지 않았습니다. 지적을 해도 "대세에 지장이 없으니 그냥 넘어가 주시죠"라며 대수롭지 않게 말했습니다. '사소한 일로 왜 자꾸 지적을 하느냐'는 투였습니다. 신뢰성에 문제가 있었던 겁니다.

회사의 수준은 대표의 그릇을 넘지 못합니다. I사 상품은 품질에 대한 컴플레인이 잦았습니다. 어떤 물건은 반품률이 20% 가까이 되었습니다. 아무리 일회성 기획상품이라도 심각한 수준이었기 때문에, I사 제품을 판매하는 것은 유통기업의 평판을 깎아 먹을 우려가 있었습니다. 어쩔 수 없이 I사와 거리를 두게 되었고, 어느 순간부터는 발주를 넣지 않게 되었습니다.

시간이 흐른 뒤 한 제조업체 담당자로부터 연락을 받았습니다. I사와 거래하던 공장의 간부라고 밝힌 그는 혹시 L대표의 연락처를 알고 있느냐고 물었습니다. 모른다고 답하자 난감한 기색이 역력하였습니다. 무슨 일이냐고 물으니 L대표가 시제품을 가지고 와 발주를 요청하기에 대량으로 생산해 놨는데, 대금을 납입하지 않아 큰 손해를 입게 되었다는 겁니다. 심지어 언제부터인가 연락이 되지 않아 여기저기 전화번호를 알아보고 다닌다는 것이었습니다.

신용이 없는 사람은 책임감이 떨어집니다. 말과 행동에 원칙이 없고, 상황에 따라 태도가 달라집니다. 인생에 지름길이 있다고 생각하며 언젠가 '한 방' 크게 터뜨릴 것이라는 망상에 사로잡혀 있습니다. 불리하면 잠적해 버리면서 '어떻게든 되겠지'

　　　　　　　　　　　막힌 인생을 뚫는 법

라는 대책 없는 행동으로 일관합니다.

규칙을 무시하는 사람은 역리(逆理)를 취하기 때문에 언젠가 그에 상응하는 보응을 받게 됩니다.

인생의 겨울을 보내고 있다면 사소한 규칙이라도 엄수하는 태도를 갖추십시오. 악덕은 작은 것이라도 멀리해야 합니다. 사회적 규범과 약속을 잘 지키는 행위는 회복과 재생산에 도움이 됩니다. 종교가 있다면 율법(계율)을 잘 지키는 일도 여기에 포함됩니다. 작은 손해에 연연하지 말고 신용을 지켜 격조를 높여 나가시기 바랍니다. 그러면 겨울이 길지 않을 것입니다.

막힌 인생을 뚫는 법

13. 도울 가치가 없다면 돕지 마라

남을 돕는 일은 세상에서 가장 가치 있는 행동 중 하나입니다. 하지만 그렇다고 아무나, 아무렇게나 도와도 된다는 말은 아닙니다. 도움에도 T. P. O.(Time, Place, Occasion)가 있습니다. 상대방이 요청하지도 않았는데 성급하게 도와줄 필요는 없습니다. 이것은 진정한 도움이 아닙니다. 잘못하면 화근이 될 수 있습니다.

도움은 꼭 필요한 사람에게, 꼭 필요한 시점에, 꼭 필요한 만큼 이뤄지는 것이 좋습니다. 도움이 부족하거나 넘치는 것 모두 적절하지 않습니다. 이미 물이 넘쳐흐르는 호수에 한두 바가지 물을 더하는 것은 아무런 의미도 없습니다. 이러한 도움은 제대로 평가받지 못하고, 도움을 받는 사람도 감사하게 여기지 않습니다. 쓸데없이 기운만 낭비하는 어리석은 행동입니다. 자칫하면 도와주고도 업신여김을 당할 수 있습니다.

하루는 장자莊子가 끼니를 거르다 적은 양식이라도 꾸어 볼 요량으로 친구인 감하후監河侯를 찾아갔습니다. 지방 관리였던 감하후는 장자의 요청에 잠시 머뭇거리다 다음과 같이 말했습니다.

"조금 있으면 우리 고을에서 세금을 걷을 것인데, 그 뒤에 3백 냥을 꾸어 주겠네."

사실 감하후는 장자에게 돈을 꾸어 줄 생각이 없었습니다. 하지만 먼 길을 찾아온 친구를 박대했다는 소리를 듣기 싫어 어처구니없는 핑계를 댄 겁니다. 친구의 의도를 눈치챈 장자는 곧바로 자리를 떨쳐 일어나며 다음과 같이 비꼬아 말했습니다.

"아니, 내가 여기 오는 길에 누군가 나를 애타게 찾고 있어서 돌아보니 수레바퀴 자국에 물이 조금 고여 있고, 거기 붕어가 한 마리 있는 게 아닌가. 그 붕어가 내게 이르기를 '제발 부탁이니 물 한 되만 부어 주십시오. 지금 숨이 넘어가게 생겼습니다'라고 했네. 그래서 내가 '내가 마침 오와 월에 유세를 하러 가니, 삼 일만 기다리면 서강(西江)의 물을 끌어다 네게 주겠다'고 했다네. 그랬더니 그 붕어 녀석이 벌컥 화를 내며 '지금 제게 필요한 것은 오직 한 되의 물일 뿐입니다. 삼 일 후에는 건어물전에서나 저를 찾으십시오'라고 하는 것 아니겠는가."

이 고사가 바로 '학철부어(涸轍鮒魚)'입니다. 바퀴 자국 고인 물에 놓인 물고기라는 뜻으로 도움을 주고받음에 있어서 실기해서는 안 된다는 의미입니다.

사회에는 도움이 필요한 사람들이 정말 많습니다. 과거에 비해 많이 풍요로워졌다고 해도 약자들이 마주하는 현실은 언제

　　막힌 인생을 뚫는 법

나 가혹합니다. 사회적 지원은 고아와 장애인, 자립준비청년처럼 진정한 약자들에게 집중되는 것이 타당합니다. 도움받는 것에 익숙하고, 뻔뻔해진 사람들에게는 조력을 보태 줄 필요가 없습니다.

가끔 상대방에게 도움을 주지 못해 쩔쩔매는 사람들이 볼 수 있습니다. 상대가 시큰둥하거나 도움을 바라는 기색이 별로 없는데, 굳이 돕겠다며 발 벗고 나서곤 합니다. 내심 도움을 주면 상대가 자신의 선의에 감동해 감사하게 여길 것이라고 믿겠지만, 현실은 다릅니다. 의도와 달리 상대방은 전혀 고마워하지 않습니다.

인간관계는 상호작용을 통해 이루어집니다. 관계가 일방적으로 진행되어서는 안 됩니다. 가는 게 있어야 오는 것이 있고, 은혜를 입으면 보답을, 원한을 사면 응보를 받는 것이 원칙입니다.

상대가 나를 가볍게 여기는데 혼자서 짝사랑하듯 퍼 주는 관계는 오래가지 않습니다. 먼저 연락하지 않으면 절대 연락하지 않는 사람, 도움이 필요할 때만 기별이 오는 사람은 시간이 지날수록 해악을 끼치는 존재가 될 가능성이 높습니다. 인간관계의 기초가 되는 평등과 호혜의 원칙을 따르지 않기 때문입니다. 불평등한 관계가 이어지면 상대는 함부로 행동하거나 당신을 도구화할 우려가 높습니다.

받는 사람 입장에서도 불필요한 도움은 무익할 뿐만 아니라

　　　　　　　　막힌 인생을 뚫는 법

때로는 '하얀 코끼리'처럼 짐이 됩니다. 성가시기만 할 뿐입니다. 서로를 필요로 하지 않는다면, 불필요한 도움은 관계를 망칠 수 있습니다. 도움을 받는 쪽은 부담을 느끼기 때문에 다음부터는 멀리하게 됩니다.

이처럼 필요 없는 도움은 주지 않는 것만 못합니다. 과시욕에 눈이 어두워 다른 사람들에게 도움을 강요하듯 주면, 스스로의 기운만 낭비할 뿐입니다.

도움을 주는 대상도 신중하게 골라야 합니다. 도움의 가치를 알고, 도움을 제대로 활용할 수 있는 사람이 우선입니다. 좋은 학교에 진학할 수 있는 성적을 받았는데, 당장 입학금이 없는 사람이 대표적입니다. 이들에게는 '한 되의 물'만 부어 주어도 끊임없이 성장할 수 있는 무궁한 잠재력이 있습니다. 충분히 도와줄 가치가 있습니다. 반대로 능력도 없는데, 분수에 넘치는 꿈을 쫓으면서 사업자금을 빌려달라고 손 벌리는 친척이나 친구는 도와서는 안 됩니다. 이들에게 필요한 것은 물질적인 도움이 아니라 '정신 차리라'는 따끔한 충고입니다.

가족주의가 뿌리 깊게 자리 잡은 우리나라는 '한량' 가족을 안타깝게 여기고 돕는 문화가 있습니다. 애틋한 마음에 부모, 형제와 친척들이 계속 도와주지만 이들은 얼마 지나지 않아 가산을 탕진하고 다시 백수로 돌아갑니다. 주변의 도움이 해로움으로 작용한 사례입니다.

진심으로 이들을 위한다면 홀로서기에 성공할 때까지 지켜보는 것이 낫습니다. 그래야 그 사람도 막힌 인생을 뚫고 탈출할 수 있습니다. 도움받는 것이 습관이 되면, 나중에는 도움을 받지 못할 때 서운한 마음을 갖게 됩니다. 도움은 도움의 가치를 알고 활용할 수 있는 사람에게 베푸는 것이 현명합니다.

악하고 모진 성정을 가진 사람도 도와줄 필요가 없습니다. 이들은 은혜를 원수로 갚습니다. 잘못 동정을 했다가는 오히려 봉변을 당할 수 있으니 최대한 멀리하고 가급적 인연을 맺지 않는 것이 낫습니다.

'마산 대학교수 살인사건'의 범인인 전용술은 고등학생이던 1972년 자신과의 교제를 반대한다는 이유로 여자친구의 부모를 폭행해 징역살이를 했습니다. 출소 후 전 여자친구를 찾아간 그는 자신을 버리고 떠났다는 이유로 그녀를 잔혹하게 살해했습니다. 이 사건으로 전용술은 1975년 대법원에서 무기징역형을 선고받았습니다.

한편 전 씨와 유년시절을 함께 보낸 고향 선배 K씨는 안타까운 마음에 면회도 자주 가고 서신도 왕래하는 등 누구보다 전 씨의 뒷바라지를 열심히 해 주었습니다. 대학교수였던 그는 전 씨가 징역 20년형으로 감형을 받는 데 많은 도움을 준 것으로 알려졌습니다. 1995년 가석방으로 풀려난 전 씨는 결혼도 하고 사업도 하면서 그럭저럭 사회에 복귀하는 듯싶었으나, 1998년 주식투자 실패 등으로 다시 빈털터리가 되었습니다. 이 무렵부터 전 씨는 K씨에게 집요하게 돈을 요구했습니다. K씨가 거절하자, 그동안 옥바라지를 해 준 은혜는 까맣게 잊고 K씨에 대한 험담을 여기저기 늘어놓고 다녔습니다.

또 전 씨는 밤낮을 가리지 않고 K씨에게 전화를 걸어 돈을 달라고 요구했습니다. 2004년 7월경 K씨와 마주친 전 씨는 또다시 돈을 달라고 했지만 거절당하자 소지하고 있던 흉기를 휘둘러 K씨를 살해하고 말았습니다.

이후 범행 현장을 떠난 전 씨는 택시기사에게도 중상을 입힌 채 도주하다가 경찰에 붙잡혔습니다. 재판에 넘겨진 전 씨는 "모든 건 K씨가 초래한 일"이라며 뻔뻔한 태도로 일관하다가 사형선고를 받고 현재까지 교도소에서 복역 중입니다. 그야말로 "머리 검은 짐승은 거두는 것이 아니다"라는 속담이 떠오르는 최악의 인물이 아닐 수 없습니다.

청와대 경호원에 대학교수까지 지낸 K씨가 전 씨를 도와줄 이유는 없었습니다. 그래도 고향 선배로서 측은지심이 발동한 그는 전 씨에게 각별한 애정을 쏟았지만 결과는 참혹했습니다. 이유 없이 베푼 호의가 비극으로 끝난 것입니다.

사람은 쉽게 바뀌지 않습니다. 가슴에 독(毒)을 품고 있거나 깊은 한(恨)에 사로잡힌 사람은 가까이해서는 안 됩니다. '상대를 감화시켜 사람을 만들겠다'는 오기를 부리다가는, 공멸을 면치 못합니다. 쉽게 인연을 맺지 말고, 맺어도 신중하게 살펴 가며 관계를 발전시켜 나가는 것이 좋습니다.

최근에는 온라인을 통한 비대면 만남이 크게 늘어나면서 인연을 맺기가 훨씬 수월해졌습니다. 장점도 있지만 단점도 분명합니다. 담장 없는 집처럼 관계 맺기가 가볍고, 허술해진 측면이 있습니다. 과거에는 한 집만 건너면 서로 알 수 있는 좁은 울타리 안에서 얼굴을 맞대고 살아왔습니다. 대부분 아는 사이였기 때문에 사람을 대할 때면 그만큼 조심스러울 수밖에 없었고, 예의범절과 에티켓이 중시되었습니다. 여러 사람의 검증을 거쳐 사회적 평판이 형성되므로 언행과 행동에 신중할 수밖에 없는 구조였습니다.

지금은 이러한 문화가 많이 사라졌습니다. 검증되지 않은 사람과 아무렇지도 않게 '친구'가 되고, 심지어 사생활의 경계로 넘어올 수 있도록 빗장을 열어 주기도 합니다. 이러한 개방성은 피할 수 없는 흐름이지만, 이럴 때일수록 사람을 정확히 분별할 수 있는 지혜가 필요합니다. 그렇지 않으면 독사 같은 마음을 가진 사람들에게 당할 수 있습니다. 인적 네트워크가 넓다고 좋은 것이 아닙니다. 적더라도 좋은 사람들과 깊고 신뢰할 수 있는 인연을 맺는 것이 더 가치 있습니다.

저도 인사(人事)와 관련하여 몇 차례 실수를 저질렀던 적이 있습니다. 특히 잘 모르는 상태에서 사람을 천거하였다가 곤욕을 치렀던 적이 여러 번 있었습니다. 이후에는 까다로운 기준을 세워 사람을 만나고 추천하게 되었습니다.

먼저 주변 동료와 지인들의 평판을 가볍게 여겨서는 안 됩니다. 열 길 물속은 알아도 한 길 사람 속은 알 수 없습니다. 앞에서는 교언영색하면서 뒤로는 언제든 비수를 꽂는 흉계를 꾸밀 수 있습니다.

당나라 현종은 '개원의 치'라는 태평성대를 구가한 황제였습니다. 그는 평로절도사로 있던 안록산을 각별하게 생각하였습니다. 안록산은 몸무게가 200kg에 달할 정도로 비둔했는데, 한번은 현종이 그의 배를 가리키며 "경의 배에는 무엇이 들었소?"라고 물었습니다. 그러자 안록산은 만면에 미소를 띠며 "제 배 속에는 폐하에 대한 일편단심이 가득 들었습니다"라고 답했습니다. 이에 현종은 장안에 호화주택을 선물하는 등 안록산을 총애했습니다. 몇몇 신하들이 '안록산은 믿을 수 없다'고 진언했지만 현종은 귀담아듣지 않았습니다. 하지만 얼마 지나지 않아 안록산은 모반을 일으켰고, 당나라는 8년 동안 끔찍한 전란에 휩싸여야 했습니다. 눈치 없는 현종의 어리석은 인사(人事) 때문에 모처럼 찾아온 태평천하도 끝나고 말았습니다.

사람의 진가는 알기 어렵습니다. 깊이 모른다면 그 사람과 오랫동안 일했던 사람과 동료들을 통해 신뢰할 수 있는 사람인지 이중삼중 교차하여 검증해야 합니다. 함부로 기용해서도, 의심해서도 안 되는 것이 사람입니다.

특히 SNS에서 자기 과시를 하거나 인맥 자랑을 하는 사람도 가까이하거나 추천해서는 안 됩니다. 대부분 속 빈 강정인 경우가 많습니다. 어디 가서 "사람을 안다"라고 표현할 때에는 신중해야 합니다. 내가 느끼는 친분과 상대가 느끼는 친분은 그 정도와 깊이가 다를 수 있습니다. 상대는 나와 친분이 있다고 생각하지 않는데, 내가 친분이 깊은 것처럼 말하고 다니는 것은 큰 결례입니다. 오히려 두 사람의 관계가 발전할 가능성을 가로막을 수 있습니다.

또 인맥을 과시하는 사람 중에는 자기중심적인 사람이 많습니다. 여러 사람과 친분이 있다고 떠벌리며 자신의 가치를 높이려는 얄팍한 술책에 불과합니다. 이런 사람은 가볍게 만나고 흩어지는 일시적 관계까지 진지한 교분으로 놓고 뽐내는 경우가 많습니다. 어떤 사람이 밤중에 사람들과 식사를 하다가 누군가에게 전화를 걸어 친분을 과시하는 행태를 보이면 멀리해야 합니다. 전화를 받은 사람은 전화한 사람의 인맥과시용 수단 그 이상도, 이하도 아니게 되기 때문입니다. 관계를 도구화하는 사람과는 교제할 가치가 없습니다.

마지막으로 직접 도움을 청한 것도 아닌데, 굳이 돕겠다며 '오지랖'을 펼쳐서는 안 됩니다. 요청도 하지 않았는데 공연히 도움을 줄 경우, 쉽게 적반하장으로 돌변합니다. 도움을 준 사람에

막힌 인생을 뚫는 법

대한 감사함을 느끼지 못하기 때문입니다. 상대에게 도움을 받으면 누구나 심리적 부담을 떠안게 되는 것이 인지상정입니다. 하지만 '네 도움 따위는 원래 필요 없었어. 누가 언제 도와 달라고 했어?'라는 생각이 깔려 있으면 상대방은 신의 없이 행동해도 양심의 가책을 덜 받게 됩니다.

마지막으로 인사에는 어떠한 사사로운 감정도 대입해서는 안 됩니다. 인정에 이끌리면 훗날 더 큰 손실로 이어질 수 있습니다.

인생의 겨울에는 관계를 맺거나 도움을 주는 일도 분별 있게 해야 합니다. 개인의 운명 에너지가 탄력성을 잃어버리기 때문에 사업이 뒤틀리고, 악연이 꼬이는 때입니다. 이처럼 삶의 변동성이 높아지는 시기에는, 무리하게 운신하기보다 전략적으로 한발 물러설 필요가 있습니다. 불필요한 인연은 될 수 있다면 거절하는 것이 낫고, 도움과 베풂은 꼭 필요한 대상에게 집중될 수 있도록 힘을 모으는 지혜가 필요합니다.

14. 작은 기회를 소중히 여기라

"닭의 목을 비틀어도 새벽은 온다."

　유신정권 말기『뉴욕타임스』와의 인터뷰에서 박정희 대통령을 신랄하게 비판했던 김영삼 전 대통령(당시 신민당 총재)은 1979년 10월 4일 결국 국회에서 영구제명을 당했습니다. 이때 그가 홀연히 의사당을 떠나며 했던 이 말은 아직까지 널리 회자되고 있습니다. 역사의 흐름과 대세는 거스를 수 없습니다. 이루어질 일은 반드시 이루어지며, 쇠할 것은 반드시 쇠하는 것이 세상의 이치입니다. 완고하게 버티어도 만사는 순리대로 귀결됩니다.

　인생도 마찬가지입니다. 삶의 계절에는 겨울만 존재하지 않습니다. 겨울이 끝나면 봄이 옵니다. 봄에는 길 잃은 사람이 구조되고, 인정받지 못한 인재가 세상의 주목을 받게 됩니다. 겨우내 움츠러들었던 삶이 활짝 기지개를 펼치며, 추위와 바람을 견디면서 응축된 재능이 빛을 발합니다.

봄은 기회의 옷의 입고 찾아옵니다. 귀인을 만나거나, 오디션을 치르거나, 입사 면접을 보는 등 새로운 만남을 통해 개운과 발복이 이뤄집니다. 가수는 무대를 얻고, 예술가는 지음(知音)을 만나며, 사업가는 새로운 고객과 시장을 획득하게 됩니다. 규모와 형태는 각기 다릅니다. 어떤 사람은 단번에 대어(大漁)을 낚기도 하지만, 대부분 소박한 무대에서 출발하게 됩니다.

중요한 것은 '작은 기회'를 소중히 여기는 마음입니다. 시작부터 큰 기회를 얻는 경우는 많지 않습니다. 봄이 왔다고 해도 처음에는 조그마한 불씨를 얻는 데 그칠 뿐입니다. 다만 이 희망의 불씨를 어떻게 키워나갈지가 관건입니다. 판단과 행동은 각자의 몫입니다. 겨울을 통과하면서 감사와 인내를 배운 사람은 불씨를 키워 새로운 추진력을 얻게 됩니다. 그러나 작은 기회를 우습게 여기고, 시큰둥하게 흘려보내면 모처럼 찾아온 봄볕이 사라지게 됩니다. 꽃망울이 터지기도 전에 인생이 다시 겨울로 회귀할 수 있습니다. 따라서 봄으로 넘어가는 시기에는 교만한 마음을 버리고, 작은 것을 소중히 여기면서 겸손하게 처신하여야 합니다.

영화 〈제리 맥과이어〉(1996)의 주인공 제리(톰 크루즈)는 뉴욕에서 잘나가던 스포츠 에이전트였습니다. 그는 수십 명의 스포츠 스타를 관리하며 남부럽지 않게 살고 있었습니다. 하지만 '선수를 공장식으로 관리하지 말고 한 명 한 명에게 진심을 담아

　　　　　　　　　　　막힌 인생을 뚫는 법

서 관리해야 한다'는 파격적인 제안서를 올렸다가 해고당하고 말았습니다. 프로의 세계는 냉정합니다. 회사에서 쫓겨난 에이전트와 손잡을 선수는 없었습니다. 그동안 간과 쓸개를 내줄 것처럼 굴었던 선수들이 모두 떠나갔습니다. 결국 제리에게는 무명의 미식축구 선수 로드 티드웰(쿠바 구딩 주니어)만 남게 되었습니다.

잠재력은 충분하지만 그동안 주목을 받지 못하던 로드를 키워 내기 위해 제리는 동분서주합니다. 처음에는 다듬어지지 않았던 로드와 사사건건 충돌합니다. 하지만 "당신을 도울 수 있게 도와달라(help me to help you)"고 하소연하며 노력한 끝에 마침내 로드는 NFL의 정상급 선수로 거듭나게 되었습니다.

〈제리 맥과이어〉는 인생의 묘미를 담고 있는 수작입니다. 갑작스레 회사에서 버림받은 제리에게는 아무런 희망이 보이지 않았습니다. 하지만 그에게는 로드라는 작은 불씨가 남아 있었습니다. 잘나가던 시절에는 거들떠보지도 않던 무명 선수였으나, 제리는 실망하지 않고 이를 반전의 계기로 삼았습니다. 작은 기회를 소중하게 여기고 성과를 내기 위해 최선을 다한 결과, 제리는 예전과는 비교도 할 수 없는 큰 성공을 거둘 수 있었습니다.

혹독한 겨울도 기한이 있습니다. 영원히 지속되지 않습니다. 때가 오면 따뜻한 바람이 불고 얼음이 녹게 됩니다. 봄의 신호

탄이 바로 '작은 기회'입니다. 소박한 무대라고 실망하지 않고 모든 것을 쏟아붓는다는 자세로 최선을 다해야 합니다. 그러면 반드시 더 좋은 기회가 찾아오게 되어 있습니다. 이것이 세상의 이치입니다.

성경은 "작은 것에 충성스러운 사람은 큰 것에도 충성하고, 작은 것에 불의한 사람은 큰 것에도 불의하다"고 가르칩니다. 작은 일을 업신여기면 큰일도 이룰 수 없습니다. 마음이 교만하면 좋은 기회를 얻어도 좌충우돌하다가 결국 망치고 맙니다.

일본에서 경영의 신으로 추앙받는 이나모리 가즈오稲盛和夫, 1932~2022는 어려운 형편 때문에 고등학교조차 진학하기 어려웠습니다. 하지만 그를 아낀 선생님의 배려로 간신히 대학에 입학할 수 있었습니다. 처음에는 오사카대학교 의예과에 진학하려 했으나 낙방하였고, 설립된 지 얼마 안 된 신설 가고시마대학교 화학과에 들어갔습니다. 그가 졸업을 앞두고 있던 해는 일본에서 한국전쟁으로 인한 특수가 끝나 채용시장에 찬바람이 불고 있었습니다. 이나모리는 여러 제약회사와 석유기업, 화학회사에 열심히 원서를 넣었지만 지방대 출신에 보잘것없는 배경을 가진 그를 받아 주는 기업은 없었습니다.

취업에 계속 실패하던 이나모리는 대학교 은사의 소개로 교토에 있는 쇼후공업에 간신히 취업하게 되었습니다. 하지만 회

---

* 누가복음 16장 10절

막힌 인생을 뚫는 법

사의 상황은 최악이었습니다. 기숙사의 다다미는 올이 다 빠져 돗자리를 사 와서 깔고 자야 했으며, 구내식당도 없어 풍로를 사다가 직접 밥을 지어먹어야 했습니다. 회사는 적자투성이였고 월급이 체불되기 일쑤여서 노동쟁의가 빈번하게 발생했습니다. 반찬가게 사장도 "그런 망해 가는 회사에 다니면 장가도 가지 못한다"라고 충고할 정도였습니다.

이나모리와 함께 입사했던 동기들은 가망이 없다며 하나둘 회사를 떠났습니다. 이나모리도 자위대에 도피성 입대를 하기 위해 고향에 등본을 보내 달라고 요청했지만 회신이 오지 않았습니다. 그의 형이 "어렵게 들어간 회사를 함부로 나오면 안 된다"라며 이나모리의 편지를 찢어 버렸기 때문입니다. 혼자 회사에 남게 된 이나모리는 '이왕 이렇게 된 거 연구에 전념하자'고 마음을 고쳐먹고 최선을 다해 일에 몰입합니다.

특수자기과에서 일했던 그는 하루 종일 연구개발에 몰두하였습니다. 당시 일본은 컬러텔레비전이 막 보급되어 가던 시기였습니다. TV 브라운관에는 절연용 세라믹 부품인 U자형 게르시마가 들어갔는데, 자체 생산 기술이 없었던 일본은 필립스 사 제품을 수입해 사용하였습니다. 이나모리는 U자형 게르시마를 국산화할 수 있는 방법을 찾기 위해 골몰하였습니다. 그러던 어느 날 그는 신발에 묻은 파라핀 왁스를 보고 고토감람석(포스테라이트) 재료를 합성할 수 있는 방안을 떠올렸습니다. 이를 통해 쇼후공업은 U자형 게르시마를 대량 생산할 수 있게 되었고, 역전의 발판을 마련하였습니다. 3년 뒤 이나모리는 회사를 나와 창업을 했는데, 이것이 바로 교세라 그룹의 출발이었습니다.

볼품없는 회사에 입사했을 때 이나모리가 느낀 실망감은 이만저만이 아니었습니다. 그는 여러 차례 "도망치고 싶었다"고 스스로 고백했습니다. 하지만 곧 마음을 고쳐먹고 주어진 기회를 살리기 위해 노력하였습니다.

궁즉통(窮則通)입니다. 그는 쇼후공업이라는 작은 기회를 발판 삼아 지금의 교세라 그룹을 일구어 낼 수 있었습니다. 만일 이나모리가 회사에 실망해 일찌감치 떠나 버렸다면 지금의 교세라 그룹은 존재하지 않았을 겁니다.

작은 기회는 무한한 가능성을 품고 있는 씨앗입니다. 씨앗 속에 어떤 미래가 담겨 있을지 아무도 모릅니다. 삶을 반전시킬 수 있는 작은 기회를 얻었다면, 모든 것을 쏟아붓겠다는 각오로 덤벼들어야 합니다. 그러면 차츰 더 좋은 기회와 인연이 찾아와 큰 발전을 이룰 수 있습니다. 작은 기회를 업신여기지 말고 소중히 여기십시오. 작은 씨앗 속에 겨울을 종식시키는 봄의 메시지가 담겨 있을지 모릅니다.

막힌 인생을 뚫는 법

15. 정보를 중시하면 힘의 낭비를 줄일 수 있다

"知彼知己 百戰不殆 不知彼而知己 一勝一負 不知彼不知己 每戰必殆.(지피지기 백전불태 부지피이지기 일승일부 부지 피부지기 매전필태)"

"적을 알고 나를 알면 백 번 싸워도 위태로울 것이 없고, 나를 알고 적을 모르면 승과 패를 각각 주고받을 것이며, 적을 모르고 나도 모르면 반드시 위태롭다"는 것이 『손자병법』의 가르침 입니다. 여러 의미로 해석할 수 있지만, 저는 이 고사를 정보의 힘을 중시하라는 뜻으로 받아들입니다.

적과 나를 아는 일은, 각각 적군과 아군에 대한 정보가 있다는 사실을 전제로 합니다. 상황 파악이 정확하게 이뤄지고 있다면 어디서든 쉽게 밀리지 않습니다.

유교의 도덕적 엄숙주의 바탕 아래, 군사정권이 장기 집권했 던 우리나라에서는 정보와 정보기관에 대한 이미지가 썩 좋지 않습니다. '정보력이 있다', '정보맨이다'라는 표현은 왠지 남을 잘 속이고, 음험한 공작을 펼칠 것 같다는 부정적 뉘앙스가 강합니다.

정보활동에 대한 우리 사회의 뿌리 깊은 거부감을 보여 주는 사례가 있습니다. 1512년 중종 시절, 여진의 족장 속고내速古乃는 자신이 이끄는 무리 400명을 이끌고 함경북도 갑산을 습격해 약탈합니다. 1518년 8월 속고내가 다시 출몰하였다는 첩보가 입수되자 조정에서는 어떻게 처리할 것인지 논의를 시작합니다.

무신들은 "속고내 몰래 기습을 해야 한다"고 진언하였지만 당시 사대부의 대표 주자였던 조광조趙光祖, 1482~1520가 "속여서 사로잡는 행동은 군자가 할 일이 못 되며, 이는 도적의 짓"이라고 비판합니다. 나아가 "속고내에게 엄중하게 꾸짖는 글을 보내야 한다"고 제안합니다.

중종도 조광조의 손을 들어 주어 조선은 속고내를 사로잡을 수 있는 절호의 기회를 놓치고 말았습니다. 민가를 약탈하고 백성을 죽인 오랑캐에게 "글을 보내 꾸짖자", "기습은 군자가 할 일이 아니다"라는 말을 국방 시책으로 제안하고, 조정이 이를 받아들였다는 사실이 믿기지 않습니다. 하지만 명분 사회였던 조선에서는 이런 정책이 버젓이 올라오고 또 수용되었습니다. 이것이 조선이 여러 차례 외침을 겪고도 힘을 쓰지 못했던 근본 이유입니다.

반면 정반대의 사례도 존재합니다. 정보력으로 열악한 환경과 군사적 열세를 슬기롭게 극복한 이스라엘이 대표적인 예입니다.

1948년 독립국가를 선포한 이스라엘은 아랍 제국(諸國)에 둘러싸여 국가의 존립 자체가 위태로운 상황이었습니다. 인구는 턱없이 부족했고 무기도 변변치 않았습니다. 당시 국제사회는 신생 이스라엘의 존속 가능성을 높게 평가하지 않았습니다. 그러나 이스라엘은 국가 수립 직후 외무부 산하에 정보 조직을 창설하고 이후 총리 직속의 중앙공안정보기관, 통칭 '모사드'를 출범시킵니다.

모사드의 탁월한 정보 수집 능력과 과감한 공작 활동은 전 세계가 혀를 내두를 정도였습니다. 불법과 합법의 경계를 넘나들며 오로지 국가의 안위만 생각하겠다는 의지가 불타올랐습니다. 초기에는 주로 유대인을 학살한 나치 전범을 색출하여 처단

막힌 인생을 뚫는 법

하면서, 적대 국가에 대한 반탐 활동에 치중했습니다.

모사드의 정보력을 보여 주는 대표적인 일화가 있습니다. 이스라엘은 프랑스의 전투기 미라주Ⅲ를 활용해 중동 전쟁 당시 상당한 전과를 올립니다. 격분한 아랍연맹이 프랑스를 압박하여 전투기를 판매하지 못하게 하자, 이스라엘은 항공사 기술자를 포섭하여 20만 장에 달하는 도면을 가방에 나눠 담아 빼돌립니다. 이 과정에서 프랑스의 비공식적인 협조가 있었다고 하지만 진실은 아무도 모릅니다. 용의주도한 정보활동으로 전투기 설계도를 얻은 이스라엘은 미라주의 카피라고 볼 수 있는 전투기 크피르(Kfir)를 탄생시킵니다. 이로써 중동 하늘의 제공권은 다시 이스라엘이 가져오게 되었습니다.

모사드는 "지략이 없으면 백성이 망하여도, 지략이 많으면 평안을 누린다"*라는 솔로몬 왕의 잠언을 원훈으로 채택하고 있습니다. 때때로 지나친 대외 공작과 다른 나라의 주권을 무시하는 행동으로 국제사회의 비판을 받기도 하였습니다. 그러나 모사드가 없었다면 지금의 이스라엘도 존재하지 않았을 것이라는 데에 누구도 이견을 제시하지 않습니다.

정보활동을 경시하는 민족과 나라는 존립하기 어렵습니다. 조광조의 제안과 같은 비현실적 도덕주의는 바람직하지 않습니다. 오랑캐의 칼날에 백성들이 스러지지 않도록 모든 수단을 강

---

* 잠언 11장 16절

구해 보호하는 것이 국가의 책무입니다. 듣기 번지르르한 말은 도덕적 우월성을 뽐내려는 허영심의 발로일 가능성이 높습니다. 매사에 명분을 따지고, 멋있는 말만 골라서 하는 사람이 있다면 경계해야 합니다.

개인적 차원에서도 정보의 수집과 활용은 중요합니다. 특히 인생의 겨울을 맞이했다면 그 중요성은 더 커집니다. 정보활동이 힘의 낭비를 줄이고, 손실이 확대되는 것을 막아 주기 때문입니다. 불법적인 공작이나 음험한 흉계를 꾸미라는 말이 아닙니다. 사안을 판단하기 앞서 자료를 꼼꼼하게 수집하고 주의 깊게 검토한 다음 행동하라는 취지입니다.

정보는 가공 수준에 따라 세 단계로 구분됩니다. 먼저 막 수집한 상태를 자료(Data)라고 부릅니다. 각종 통계 수치나 언론 기사, 보고서 등이 여기에 해당합니다. 여기서 한차례 가공하여 유의미한 내용을 추려 내면 보다 정제된 정보(information)가 됩니다. 이러한 정보를 자신에게 최적화해 즉각 활용할 수 있는 단계로 발전시키면 최상위 정보(intelligence)가 됩니다.

분석이 안 된 상태에서 기초 자료만 훑어보고 엄벙덤벙 뛰어들면 위태로움을 면치 못합니다. 여러 각도에서 입체적으로 분석한 다음 신중하게 움직이는 것이 현명합니다. 겨울에는 힘이 새어 나가지 않도록 낭비를 줄여야 합니다. 에너지를 최대한 많이 보존해야 오랫동안 버틸 수 있기 때문입니다. 노동집약적으

막힌 인생을 뚫는 법

로 행동해서는 절대로 안 됩니다.

해방 이후 우리나라는 방송국 송신탑을 어디에다 설치해야 할지 몰라 고민하다 일본 기술진을 초빙하였습니다. 그런데 관광만 하던 일본 기술진은 출국이 임박해서야 송신탑을 설치할 장소들을 찍어 주었습니다. 그 장소는 다름 아닌 조선시대 봉수대 자리였습니다. 먼 곳에서 띄운 봉화를 보기 위해서는 산꼭대기나 정상에 봉수대를 둘 수밖에 없습니다. 같은 원리에서 봉수대 위치는 전파 송신탑을 세우는 데에도 최적의 입지였습니다. 한반도에 대한 방대한 지리정보를 확보하고 있었던 일본 기술진은 큰 힘을 들이지 않고 송신탑 설치 장소를 고를 수 있었습니다.

우리나라도 전국에 산재한 봉수대 위치는 이미 알고 있었습니다. 하지만 이를 송신탑 설치에 적용할 수 있는 지혜가 부족했습니다. 자료를 가공하여 최상위 정보로 발전시키는 '정보 마인드'가 없었기 때문입니다. 만일 품을 팔아 장소를 정하려 했다면 수많은 인력과 예산을 써서 전국 방방곡곡을 탐문하였을 겁니다.

항해에 나서기 전에는 해도와 충분한 식량을 먼저 갖추고 기상과 목적지, 선원들의 상태를 확인한 다음 조심스레 닻을 올려야 합니다. 부득이 폭풍우를 만나 타격을 입었다면, 더욱 신중하게 행동해야 합니다. 체크리스트를 만들어 안팎의 변수를 세세하게 점검하고, 인력과 자원을 효율적으로 안배해 힘이 낭비되지 않도록 해야 합니다. 위기를 헤쳐 나가는 모든 행동의 바탕에는 신뢰할 수 있는 정보가 있어야 하며, 정보의 정확성과 가공 능력에 따라 일의 성패가 결정됩니다.

인생의 겨울에는 정보력을 높이는 데 집중해야 합니다. 시의적절한 시기에 입수된 좋은 정보는 어려운 시기를 돌파할 수 있는 힘을 갖고 있습니다. 한 명의 뛰어난 정보관은 10개 사단에 버금가는 가치를 지닙니다. 따라서 좋은 정보를 전해 주는 사람을 중하게 여기고 우대할 필요가 있습니다. 양질의 정보는 올바른 판단을 내리기 위한 필수 요소입니다.

이처럼 냉엄한 현실에 뿌리를 둔 정확한 정보를 바탕으로, 기민하게 움직여야 합니다. 정리(情理)와 구원(舊怨)에 얽매이지 않는 합리적인 행동이 인생의 봄으로 향하는 이정표 역할을 할 것입니다.

막힌 인생을 뚫는 법

남산 목멱산 봉수대와 N타워

은평구 봉산의 봉수대와 송전탑

16. 과거로부터 배우라

2000년대 초반 국내에서는 스펜서 존슨(2015년 작고)의 『누가 내 치즈를 옮겼을까?(Who moved my cheese?)』(이하 '치즈'로 표기)라는 책이 큰 인기를 얻었습니다.

'치즈'는 100페이지가 채 되지 않는 작은 책입니다. 다 읽는 데 1시간 남짓밖에 걸리지 않습니다. 이 책은 변화를 대하는 태도를 우화 형식으로 설명하는데, 저자의 담백하고 깔끔한 문장이 일품입니다. 당시 어느 집을 가더라도 한 권씩 있을 정도로 많은 독자의 사랑을 받았습니다.

치즈의 메시지는 간단합니다. 과거로부터 배우라는 겁니다. 과거의 행동이 초래한 현재의 결과를 분석하고, 만족스럽지 않다면 다르게 행동해야 한다고 강조합니다. 새로운 도전에 성공하기 위해서는 반드시 과거에 대한 성찰이 선행되어야 한다는 지혜를 전달하고 있습니다. 치즈의 가르침은 인과론(因果論)의 범주에 포섭됩니다. 아니 땐 굴뚝에서는 연기가 나지 않습니다. 원인이 있어야 결과가 있습니다. 결과(output)를 바꾸기 위해서

막힌 인생을 뚫는 법

는 원인(input)을 바꿔야 합니다. 같은 행동을 반복하면서 다른 결과가 나오기를 바라는 건 어리석은 행동입니다. 지금 처해 있는 현실은 과거에 내렸던 판단과 행동의 총체적인 결과입니다. 현실이 마음에 들지 않는다면 과거의 결정과 판단을 돌아보고, 다르게 움직여야 합니다.

개는 토한 것을 도로 주워 먹고, 돼지는 아무리 씻겨도 다시 진흙탕에 뒹굽니다.* 사람도 마찬가지입니다. 도박으로 실패한 사람이 돈만 생기면 다시 화투판으로 달려갑니다. 전과자들이 다시 범죄를 저지르고, 선거에 떨어진 사람은 거듭해서 낙선의 고배를 마십니다. 과거로부터 배우지 못하면 매양 실패해도 발전이 없습니다.

실패의 원인은 대부분 자기 자신에게 있습니다. 상황이 나빠지면 먼저 시선을 내부로 돌려야 합니다. 자신에게 문제가 없는지 확인하는 것이 순리입니다. 스스로 돌아보지 않고 밖에서 원인을 찾으려고 하면 인생이 영원히 풀리지 않을 겁니다.

임진왜란 당시 파죽지세로 진격한 왜군에 의해 수도 한양이 함락당하자 전라도 관찰사 이광李洸, 1541~1607은 근왕군을 소집하여 반격에 나섰습니다. 그러자 충청도와 경상도 병력이 합류하여 막하에 5만 명가량의 삼도근왕군을 모을 수 있었습니다. 이광은 병력을 이끌고 북상하여 1592년 6월 5일 경 경기도 용인 부

---

* 베드로후서 2장 18절

근에 머물고 있는 왜군을 발견합니다. 왜군 숫자는 600명 안팎으로 그리 많지 않은 규모였습니다. 이광은 북방에서 여진족과 싸워 여러 차례 오랑캐를 격퇴한 경험을 가진 조방장(助防將)*백광언과 이지시에게 선발대 1천 명씩을 주어 왜군을 공격하게 했습니다. 이들은 먼저 북두문산에 올라 왜군을 몰아낸 다음 문소산을 공격했으나, 한양에서 내려온 와키자카 야스히루脇坂安治의 왜군 본대 1천 명이 합세하여 협공을 펼치자 패배하였습니다. 이 전투에서 백광언과 이지시는 목숨을 잃었습니다.

이튿날 아침 와키자카는 조선군 진영에서 밥을 짓는 연기가 나는 것을 보고 오전 기습을 감행했습니다. 아침밥을 먹다 왜군의 습격을 받은 조선군은 속절없이 무너졌습니다. 왜군들의 조총 소리에 놀라 병력을 통솔해야 하는 장수들이 허겁지겁 도망쳐 버렸기 때문입니다. 사기가 떨어진 병사들이 너 나 할 것 없이 무기를 팽개치고 도주하자 전열이 붕괴되었고, 애써 모은 근왕군은 뿔뿔이 흩어져 버리고 말았습니다. 5만 명이 넘는 대군이 고작 1,600명의 기습을 받고 이처럼 허무하게 패배한 전투는 전 세계적으로도 찾아보기 힘듭니다.

『기재사초(寄齋史草)』는 "이광은 어리석고 겁이 많아서 병법을 알지 못했으니, 행군할 때 군사들을 양 떼 몰 듯 하였으며, 군대는 통일성이 없어 앞과 뒤를 서로 알지도 못하였다"고 기록하

---

* 주장을 도와 적의 침입을 막는 역할을 수행하는 장수

막힌 인생을 뚫는 법

고 있습니다.

40여 년이 흐른 1637년 1월, 용인전투가 벌어진 곳에서 그리 멀지 않은 경기 광주의 쌍령 인근에서는 비슷한 참상이 또다시 반복되었습니다. 병자호란 당시 조선 최악의 패배로 남은 '쌍령전투'입니다.

1637년 청나라 군대가 파죽지세로 한양으로 내려오자 인조는 급히 남한산성으로 몸을 피하면서 각도에 교지를 내려 속히 조정을 구원하라고 명령합니다. 이에 경상좌병사 허완과 우병사 민영이 근왕군 4만 명을 모아 서울로 진군하였고, 1637년 1월 27일 선발대가 경기도 쌍령에 도착하여 진을 쳤습니다.

이튿날 아침 청나라 병사 33명이 군세를 파악하기 위하여 허완이 진을 치고 있는 좌익으로 돌진해 왔는데, 훈련이 안 된 병사들이 이들을 향해 마구 총을 쏘아 대는 바람에 화약이 금세 바닥나 버리고 말았습니다. 당시 경상도 근왕군은 빨리 출진하느라 병사들에게 화약을 두 냥씩만 지급한 상태였습니다. 두 냥으로는 고작 10발 정도밖에 쏠 수 없었습니다. 조선군의 화약이 떨어진 것을 눈치챈 청병(淸兵)들이 목책 안으로 그대로 돌진해 들어왔고, 허완을 비롯한 좌익 진영 지휘부는 삽시간에 몰살당하고 말았습니다.

우익을 담당하는 민영 측도 조총수들이 탄약을 너무 빨리 소모하는 바람에 화약을 다시 나누어 주다가 실수로 화약고에 불

병자호란 당시 인조가 몸을 피했던 남한산성의 북문

이 붙어 폭발하는 사고를 내고 말았습니다. 어이없는 자폭 사고로 진영이 동요하는 가운데, 청의 정예병인 팔기군이 들이닥치자 우익도 전멸당하고 말았습니다.

쌍령에서의 패전으로 경상감사 심연이 이끄는 근왕군 본대는 인조를 구출할 엄두조차 내지 못하고 조령에 그대로 머무르고 맙니다. 지방군의 구원을 기대할 수 없게 된 인조는 더 이상 버티지 못하고 남한산성을 나와 청 태종에게 3번 절하고 9번 머리를 땅에 찧는 삼배구고두례를 행하며 치욕스럽게 항복하고 말았습니다.

　　　　　　　　　　　　　막힌 인생을 뚫는 법

40년의 시차를 두고 발생한 용인전투와 쌍령전투는 교전 상대방만 달랐을 뿐 패배 과정이 쌍둥이처럼 닮았습니다. 외적이 쳐들어왔을 때 지방 행정력을 동원해 백성들을 징집하여 대규모 부대를 편성했다는 점과, 지휘·통솔에 문제가 있어 소수 병력의 기습에 대병력이 허무하게 무너지고 말았다는 점이 그것입니다.

이러한 사태가 발생하게 된 근본 원인은 조선 중기의 국가방어 운영 시스템인 제승방략(制勝方略) 체제의 구조적 비효율성에서 비롯됐습니다. 제승방략은 평소에는 농사에 종사하다가 전쟁이 발생하면 각 지역에서 병력을 징발하여 대규모 부대를 편성하고 중앙에서 파견한 지휘관이 내려와 지휘를 맡는 병법입니다.

이론상으로는 별 문제가 없어 보이지만 농사를 짓다 갑자기 차출된 징집병들의 낮은 전투력과 교전 지역의 지형지물에 어두운 파견 지휘관의 한계, 부대 편성과 관리에서의 통솔력 부재 등 여러 요소들이 부정적인 시너지를 일으킬 가능성이 있습니다.

군사력은 병사들의 숙련도와 풍부한 실전 경험에서 나옵니다. 평소 군사훈련을 받지 않고 전술도 알지 못하는 평범한 사람들에게 병장기만 쥐어 준다고 군인이 되는 것은 아닙니다. 그렇게 모은 군대는 오합지졸 수준을 벗어나지 못합니다. 평소 지휘관과의 소통과 교감도 존재하지 않는 데다, 부대 간 호흡도 맞쳐 보지 않은 상태에서는 뛰어난 전과를 기대하기 어렵습니다.

병자호란이 발발하기 전에 조선 왕조는 이미 7년 넘게 치른 왜란으로 전 국토가 유린당한 경험이 있었습니다. 하지만 불과 수십 년 뒤에 이번에는 북방에서 쳐들어온 청나라에 다시 무릎을 꿇고 말았습니다. 그 사이 40년이 넘는 간극이 있었고 임금도 3번이나 바뀌었지만, 비슷한 장소에서 비슷한 양상으로 패배를 반복하였습니다. 사회 지도층의 학습능력이 현저히 떨어져 과거로부터 전혀 배우지 못했기 때문입니다. 결국 조선은 200년 뒤 총 한 번 쏴 보지 못하고 일본에 국권을 빼앗기고 말았습니다. 겉으로 보기에는 외침이지만 실제로는 스스로 무너진 것이나 다름없습니다.

왜란을 겪은 후 외교 전략과 국방 체계를 새롭게 개선하였다면 군사적 발전을 도모할 수 있는 기회가 많았습니다. 하지만 조선을 그렇지 못했습니다. 모든 패배는 자멸(自滅)의 범주를 벗어나지 않습니다. 명분만 앞세우며 주변을 탓하고, 갱생의 가능성을 스스로 봉쇄해 버린다면 누구든지 조선과 같은 몰락의 길을 걷게 될 것입니다.

겨울은 자신을 되돌아보는 시간입니다. 나 자신을 구석구석 살펴보고 그간의 행동과 습관을 점검하면서 일신우일신(日新又日新)하는 계기로 삼아야 합니다. 과거에 자신이 어떤 선택을 하였고, 결과는 어떠했는지 차분하게 돌아볼 필요가 있습니

막힌 인생을 뚫는 법

다. 관점의 변화가 발전을 추동합니다. 사람이든 조직이든 반성을 하지 않으면 성장하지 못합니다. 바둑에서는 복기(復碁)가, 글쓰기에서는 퇴고(推敲)가 중요합니다. 승패와 무관하게 한 수 한 수 어떻게 두었는지 따져 보면서 같은 실수를 반복하지 않도록 끊임없이 노력해야 실력이 늘어납니다.

지금까지 걸어온 발자취를 얼마만큼 복기해 보셨는지요. 현재 상황이 만족스럽지 못하다면 어디서부터 잘못된 것인지 그 원인을 밝혀내야 합니다. 그리고 과거의 잘못으로부터 깨달음을 얻어야 합니다. 그렇지 않으면 매번 같은 상황에서 똑같은 실수를 반복하게 됩니다.

진실과 마주하는 일은 언제나 두렵습니다. 인간은 심리적으로 강력한 자기 보호 본능을 가지고 있습니다. 스스로에게는 관대하고 남에게는 냉정합니다. 과거의 잘못을 반성하기보다는 변명을 하거나 미화하는 쪽을 선택하기 쉽습니다. 나아가 문제 원인을 자신이 아닌 외부에서 찾으려 합니다. 그러면 올바른 해결책이 나오지 않습니다.

오랜만에 만난 친구와 이야기를 나누면, 분명 같은 소재인데 기억이 서로 판이한 경우가 많습니다. 사람들은 자신의 시각에서 현상을 인식하고 판단을 내립니다. 당연히 주관과 편견이 개입할 수밖에 없습니다. 자아는 언제나 자신에게 유리한 방향으로 상황을 규정하고, 이해하려는 속성이 있습니다.

"나는 잘못이 없어. 세상이 이상한 거야."

"다른 사람들이 문제야. 그들은 도덕적으로 옳지 않아."

이 같은 마음속 요람을 치우지 않으면 상황을 판단하는 능력이 떨어지게 됩니다. 냉정한 현실과 직면할 수 있는 용기를 키워야 합니다. 진실은 원래 불편합니다. 내 실수와 잘못을 당당하게 인정하고. 스스로에게 솔직하게 행동하는 데서 성장과 발전이 시작됩니다. 겨울에는 깊이 침잠(沈潛)하여 과거를 반추하고 새로운 미래를 설계하는 활동에 몰입하십시오. 이것이 겨울을 현명하게 보내는 방법입니다.

> "우리 삶에 대한 책임이 세상에 있다고 말하지 말라. 세상은
> 우리에게 아무런 책임이 없다. 우리가 있기 전에 세상이 먼저
> 있었다."
> – 마크 트웨인

막힌 인생을 뚫는 법

PART 3

행동

17. 작지만 나쁜 습관을 찾아 없애라

인간은 습관의 동물입니다. '천성불개(天性不改, 타고난 성향은 고칠 수 없음)'라는 말도 있지만 좋은 습관을 체득하면 부정적인 기질과 성향을 억제해 삶의 궤도를 바꿀 수 있습니다.

습관은 타고난 성정을 견제할 수 있는 유일한 수단입니다. 작은 습관이 인생을 망칠 수도, 반대로 견인할 수도 있습니다. 인생의 겨울을 맞이했다면 그동안 무심코 지나쳤던 습관들을 꼼꼼하게 되돌아봐야 합니다. 나쁜 습관은 버리고 좋은 습관은 강화하여 삶을 긍정적인 방향으로 이끌어야 합니다.

습관의 힘은 누적에서 나옵니다. 습관은 매일같이 반복되는 행위를 통해 형성됩니다. 일상에서 무의식적으로 반복하는 습관은 제2의 천성으로 자리를 잡습니다. 낙숫물이 바위를 뚫듯이 매일 특정한 행동을 반복한다면 비록 그것이 아주 작은 것일지라도 삶에서 무시할 수 없는 영향력을 발휘합니다. 하루하루 쌓이는 복리이자와 같은 원리입니다.

〈라쇼몽〉과 〈7인의 사무라이〉 등 20세기 들어 숱한 걸작을 남긴 구로사와 아키라黑澤明, 1910~1998 감독은 이른바 '거장들의 거장'으로 알려져 있습니다. 1998년 세상을 떠났지만 현재까지도 많은 영화인들의 존경을 한 몸에 받고 있습니다.

구로사와 감독은 평소 어떤 일이 있더라도 하루에 꼭 한 페이지 이상 원고를 작성하는 습관이 있었습니다. 아무리 술을 많이 마시거나, 촬영장에서 바쁜 일이 생겨도 습작을 멈추지 않았습니다. 이러한 '1일 1장 쓰기' 습관은 조감독 시절 스승이었던 야마모토 가지로山本嘉次郎 감독에게 "훌륭한 감독이 되고 싶거든 먼저 시나리오를 쓰라"는 조언을 듣고 나서부터 생긴 것이라고 합니다.

> "조감독 일이 바빠서 시나리오를 쓸 여유가 없다고 말하는 것은 태만이다. 하루에 원고지 한 장밖에 쓰지 못하더라도, 1년이면 365매를 쓸 수 있다. 그렇게 생각한 나는 하루 한 장을 목표로 해서, 밤새워 일한 날은 할 수 없지만 잘 시간이 날 때는 잠자리에 누워서라도 두세 장은 썼다."
> - 구로사와 아키라, 『자서전 비슷한 것』中

어떤 일이 있더라도 하루에 원고지 한 장 이상은 꼭 쓰자고 결심한 뒤, 구로사와 감독은 얼마 지나지 않아 시나리오 몇 편을 완성할 수 있었습니다. 그렇게 탄생한 시나리오가 바로 〈달마

사의 독일인〉입니다. 이 시나리오는 영화 평론에 게재되어 일본 영화계의 호평을 받았습니다. 좋은 습관을 통해 자연스레 누적된 연습량이 질적인 변화를 이끌어 낸 '양질 전환의 법칙'이 적용된 것입니다. 질적인 발전을 이룩하려면 일정 규모의 양이 담보되어야 합니다. 습작을 많이 해야 대작도 쓸 수 있습니다.

청나라 말기 하북성에는 곽운심^{郭雲深}이라는 사람이 살았습니다. 그는 권법을 배우고 싶어 형의권을 가르치는 한 노스승의 문하로 들어갑니다. 그런데 다른 사람에 비해 비교적 학습이 느렸던 곽운심은 간단한 주먹 지르기 기술인 붕권 하나만 간신히 익힐 수 있었습니다. 곽운심은 눈이 오나 비가 오나 오직 붕권 수련에만 매달렸습니다. 일설에 의하면 스승이 나귀를 타고 출타할 때마다 늘 붕권을 내지르며 뒤따라 다녔다고 합니다. 그렇게 세월이 흐르자 주변에서는 그의 붕권을 당해 낼 사람이 없었다고 합니다. 반복적인 단련의 효과였습니다. 단순한 기술을 반복적으로 수련하여 그 능력을 극한까지 끌어올린 결과입니다. 이를 통해 곽운심은 붕권 하나로 강호를 제패했다는 '반보붕권 타편천하(半步崩拳 打遍天下)'라는 명성을 얻게 되었습니다.

세 살 버릇이 여든까지 갑니다. 구로사와 감독이 세계 영화사에 큰 족적을 남기고, 곽운심이 당대 고수의 반열에 오를 수 있었던 배경에는 작은 습관의 힘이 존재했습니다.

반대로 좋지 않은 습관이 배어 있다면 어떨까요. 가랑비에 옷

젖듯이 나쁜 습관은 인생을 조금씩 갉아먹습니다. 중독성까지 좀처럼 헤어나오기 어렵습니다. 도박, 흡연, 음주, 도벽, 성중독 등이 대표적입니다. 이러한 습관은 해악성이 워낙 두드러지기 때문에 많은 사람들이 경계심을 갖고 멀리하고자 노력합니다.

하지만 사소한 악덕에 대해서는 관대하게 취급하는 경향이 있습니다. 길거리에 침을 뱉거나, 욕을 올리거나, 인터넷 동영상에 중독되어 있거나, 뒷담화를 하거나, 늦잠 자기와 같은 것들이 바로 그것입니다.

실제로는 이처럼 작은 악덕이 인생을 망치는 경우가 훨씬 많다는 점을 명심해야 합니다. 많은 사람들이 사소한 일로 치부하고 웃어넘기기 때문입니다. 문제점을 알고 있어도 대수롭지 않게 넘어가기 일쑤입니다. 그러나 습관적으로 행하는 사소한 잘못들이 인생에 균열을 내고, 발복을 막습니다. 불법 주차한 자동차 한 대가 차선을 막고 있으면 도로 전체가 교통체증에 시달리는 것과 마찬가지입니다. 삶에 이끼처럼 끼어 있는 악덕을 긁어내고 그 자리에 좋은 습관을 채워야 인생이 풀릴 수 있습니다.

평행선을 처음 그을 때 사소한 오차가 생기면 오래지 않아 엄청난 간극이 발생합니다. 신(神)은 디테일에 있습니다. 아무리 노력해도 결과가 바뀌지 않는다면 눈에 잘 띄지 않는 작은 영역에 문제가 있을 확률이 높습니다. 이러한 '숨은 하자'를 얼마나 빨리 발견하고, 신속하게 해결하느냐가 남은 인생을 좌우합니다.

19세기 중반 오스트리아의 비엔나 병원은 두 개의 산부인과 병동을 운영하고 있었습니다. 당시에는 산욕열 때문에 많은 산모들이 목숨을 잃곤 했습니다. 산부인과 의사로 일하고 있던 제멜바이스$^{Semmelweis, 1818~1865}$는 제1병동과 제2병동의 사망률 사이에 큰 차이가 있다는 사실을 의아하게 여겼습니다. 제1병동 사망률은 9.8%였는데, 제2병동의 사망률은 3.6%로 2배 이상의 격차가 발생했기 때문입니다.

당시 제1병동은 의대에 다니던 학생들이 참관하였는데 이들은 해부학 수업을 들으며 시체를 만진 뒤 산부인과 병동에 들어오곤 했습니다. 반면 제2병동은 조산사들만 드나들며 분만을 도왔습니다.

제멜바이스는 의대생들의 참여가 산모 사망률과 관련이 있다는 가설을 세웠습니다. 해부학 실습을 하며 손에 묻은 '입자'가 산모에 옮겨져 산욕열을 일으킨다고 추측했던 겁니다. 지금은 세균이 질병 감염의 원인이 된다는 사실을 누구나 알고 있지만, 당시만 해도 이러한 지식이 전무했습니다. 19세기 의사들은 '나쁜 공기'가 산욕열을 일으키는 원인이라고 생각했으며, 피 묻은 손과 옷은 열심히 일하는 의사의 상징이라고 여겨 손을 씻지 않고 여러 환자를 돌아가며 진료했습니다. 이러한 비위생적인 풍조 때문에 해부실습을 하느라 시체를 만진 의대생들이 손을 씻

막힌 인생을 뚫는 법

지 않고 산모와 그대로 접촉해 이들에게 2차 감염을 일으켰던 겁니다.

1847년 제멜바이스는 분만을 돕기 위해 산부인과 병동으로 출입하는 모든 의대생들에게 손을 염소로 소독하라는 지침을 내렸고, 그 결과 제1병동의 산모 사망률은 9.8%에서 1.2%로 감소합니다. 이후 루이 파스퇴르Louis Pasteur, 1822~1895와 로베르트 코흐Robert Koch, 1843~1910의 연구로 세균과 병원체 감염의 인과관계가 밝혀지면서, 소독과 위생 관념이 중시되기 시작했습니다.

작은 습관을 바꾸면 결과가 크게 달라집니다. 저도 이러한 차이를 직접 경험한 적이 있습니다. 군대에서는 20발을 쏴서 12발 이상 과녁에 명중해야 사격훈련에서 합격점을 받을 수 있었습니다. 18발 이상 맞히면 특등사수의 반열에 오릅니다. 그런데 실무에서 사격 점수가 12발 안팎에 머물러 있었습니다. 아무리 PRI(Preliminary Rifle Instruction, 사격술 예비훈련)를 받아도 실력이 늘지 않았습니다. 밤새 고민하던 저는 우연히 제가 손가락 끝마디가 아닌 중간 마디로 방아쇠를 당기는 버릇이 있다는 사실을 깨달았습니다. 사격 교본에는 "손가락 끝으로 밀듯이 방아쇠를 당긴다"라고 되어 있는데, 저는 항상 방아쇠를 손가락 중간 마디에 걸고 격발했던 겁니다. 중간 마디로 방아쇠를 당기면 격발할 때 총에 체중이 전달되어 오탄이 발생합니다. 저는 즉시 손가락 자세를 바꾸었고, 사격 점수는 순식간에 17~18

발로 급상승하게 되었습니다. 이후 저는 '문제 원인은 의외로 작은 데 있다. 성과가 나오지 않으면 무의식적으로 지나치는 습관 중 잘못된 것이 있는지 살펴보자'고 마음먹었고, 방아쇠 당기는 법에서 깨달음을 얻었다고 해서 '트리거 이펙트(Trigger Effect)'라는 이름도 붙여 놓았습니다.

인생의 겨울을 맞이했다면, 자신이 미처 인식하지 못하는 나쁜 습관이 있는지 돌아봐야 합니다. 나를 망치는 습관은 의외로 작은 것일 가능성이 높습니다. '작지만 나쁜 습관'이 있는지 항상 성찰하고, 그것을 끊어 내기 위해 의식적으로 노력해야 합니다. 습관을 바꿔야 삶이 달라집니다. 같은 행동을 반복하면서 다른 결과가 나오기를 바랄 순 없습니다.

막힌 인생을 뚫는 법

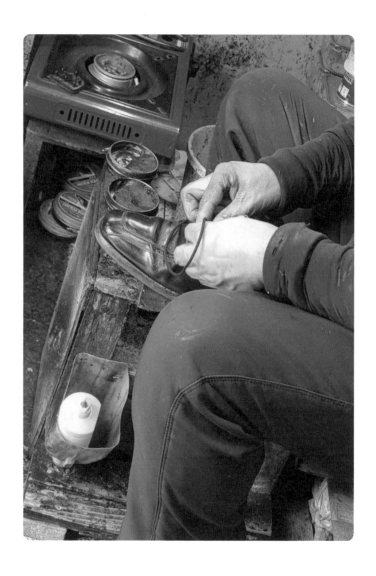

18. 나쁜 인연은 과감하게 정리하라

　"모진 놈 옆에 있다 벼락 맞는다."

　누구든 사사로운 정에 얽매여 인연을 끊어 내지 못하다 손해를 입은 적이 있을 겁니다. 인생의 겨울을 맞이했다면 관계를 맺고 끊음에 냉정해야 합니다. 가지치기를 잘한 나무가 겨울을 잘 버텨 낼 수 있습니다. 사람과의 관계도 마찬가지입니다.

　살다 보면 이런저런 사람을 만나게 됩니다. 개중에는 선한 인연도 있지만 해악을 끼치는 악연(惡緣)도 있습니다. 나쁜 인연을 적절한 시기에 잘라 내지 못하면 화를 입게 됩니다. '나는 절대로 사람을 안 버린다'는 식의 착한 사람 콤플렉스에 빠져 주저해서는 안 됩니다. 집에 도둑이 들어왔는데 내쫓지 않는 건 인자한 행동이 아닙니다. 송양지인(宋襄之仁)과 같은 어리석은 행동입니다. 해로운 인연을 제때 정리하지 못하면 이들과 함께 멍에를 지고 늪에 빠질 수 있습니다.

　'대장동 개발비리 의혹'으로 파란을 일으킨 K씨는 오랜 시간

법조기자로 활동해 왔습니다. 저도 기자 시절 그와 관련된 이야기를 취재원과 다른 기자들에게 여러 차례 들은 바 있습니다.

'법조 출입 기자실에 기사를 쓰지 않는 기자가 있다더라.'

'돈이 많아서 후배 기자들이 그에게 세배를 간다더라.'

'고위층과 친분이 두터워 누구도 함부로 손을 못 댄다더라.'

전설과 같은 이야기가 전해졌지만 '기사를 쓰지 않는 기자'라는 말이 유독 마음에 걸렸습니다. 기자가 어떻게 기사를 쓰지 않고도 언론인으로 활동할 수 있을까요. 아마 함부로 손댈 수 없는 '힘센 인물'이라는 표상이 아니었을까 싶습니다. 정상적이라면 상상하기 어려운 상황입니다.

얼마 지나지 않아 K씨는 대규모 개발 비리에 휘말려 나라 안팎으로 큰 물의를 일으키고 말았습니다. 그 자신만 피해를 본 것이 아닙니다. 그와 직간접적으로 인연을 맺었던 법조계 명망가들도 함께 불명예를 뒤집어쓰고 말았습니다. 특히 K씨가 운영하는 회사로부터 거액을 받았거나 혹은 받을 예정이었던 사람들의 명단이 회자되면서 이들도 함께 지탄을 받았습니다.

K씨와 관련된 사람들이 전부 부정부패를 저질렀다고는 생각지 않습니다. 분명 억울한 사람도 존재할 겁니다. 그러나 K씨와의 인연은 그들에게 치명적으로 작용하였습니다. 사실 K씨의 활동이 의뭉스럽다는 점은 충분히 짐작할 수 있었습니다. 현직 기자가 기사를 쓰지 않고 사업을 벌이면서 이재(理財)에 몰두하

는 것은 바람직한 행동이 아닙니다. 이 사태로 억울하게 오명을 쓴 사람이 있다면 K씨와의 관계를 과감하게 정리하지 못했던 것이 원인입니다. 관계를 잘 정리할 줄 알아야 멀리 보고 오래 갈 수 있습니다. 관계를 맺고 끊음에 주저하지 않는 자세도 자기 관리의 일부입니다.

바다거북은 보통 100년 넘게 장수하는 동물로 알려져 있습니다. 하지만 등껍질과 배에 붙은 따개비 때문에 수명을 제대로 채우지 못하는 경우가 많습니다. 갑각류에 속하는 따개비는 수면 위를 부유하다 거북이 등이나 선창 밑바닥처럼 단단한 곳을 만나면 들러붙습니다. 따개비류는 번식력이 좋아 한번 자리를 잡으면 순식간에 퍼져 나가는데, 시간이 지날수록 돌처럼 딱딱하게 굳는 성질이 있습니다.

이렇게 붙은 따개비는 온몸 구석구석으로 번져 나갑니다. 심지어 눈이나 코에도 퍼지는데 따개비에 잠식당한 바다거북은 고통을 받다 끝내 목숨을 잃게 됩니다. 이에 해양동물 보호단체에서는 해마다 바다거북을 건져 내 몸에 붙은 따개비를 제거한 뒤 다시 방생하는 프로젝트를 실시하기도 합니다.

나쁜 인연은 거북이 등에 붙은 따개비와 같습니다. 이들은 자신을 받아 주는 상대방을 찾아다니다 기회를 잡으면 달라붙습니다. 악연도 인연이므로 시간이 지나면 얽매임이 생겨 떨쳐 내기 쉽지 않습니다. 인연이 굴레로 변하는 겁니다. 처음부터 친

막힌 인생을 뚫는 법

교의 연을 맺지 않는 게 최선이지만 살면서 만나고 싶은 사람만 만날 수는 없습니다. 적절한 시기를 만나면 깨끗하게 정리하는 것이 현명합니다.

인연을 단절하는 것은 쉬운 일이 아닙니다. 정에 약한 한국인들이 유독 꺼리는 행동 중 하나입니다. 우리 사회는 개인주의를 이기적 문화로 치부하고 공동체주의를 미덕으로 생각하는 풍조가 있습니다. '사람을 버리면 안 된다'는 집단 정서가 공동체 기층에 자리 잡고 있기 때문입니다. 결국 많은 사람들이 얽히고설킨 인연 굴레에서 벗어나지 못하고 고통을 받게 됩니다.

해묵은 잡동사니를 버리듯 인연 정리에도 과단성 있는 용기가 필요합니다.

그럼 어떤 사람들을 '손절'해야 할까요? 먼저 말버릇이 좋지 않은 사람입니다. 비속어와 욕을 추임새처럼 사용하는 사람은 주변에 두지 않는 것이 좋습니다. 말이 씨가 됩니다. 부정적 언사는 '저주를 불러오는 통로'입니다. 이들과 함께 멍에를 지게 되면 미구(未久)에 화를 입게 됩니다. 다른 사람의 약점을 조롱하거나, 뒷담화하는 사람, 습관적으로 남 탓을 하며 이런저런 불만을 늘어놓는 사람도 정리해야 합니다.

두 번째로는 피해의식에 사로잡힌 사람들입니다. 이들은 사사건건 색안경을 끼고 세상을 바라보며 아전인수(我田引水)로 일관합니다. 일이 잘 풀리면 자기 덕분이지만 그르치면 전부 다른 사람 탓으로 돌립니다. 인격이 뒤틀려 세상을 자기중심으로 바라보고 해석하기 때문입니다.

피해의식에 사로잡힌 사람들은 어떤 순간에도 손해를 보지 않으려고 합니다. 따라서 팀워크와 희생을 기대하기 어렵습니다. 어려운 순간에는 조용히 사라지지만, 승리를 거두면 갑자기 나타나서 당연한 듯이 자기 몫을 요구합니다. 이들과 함께하면 족쇄처럼 끌려 다니다 결국 폭탄을 떠안게 됩니다.

세 번째는 지나치게 의존적인 사람입니다. 이들은 외모나 말투가 연약하게 보이고, 행동도 의타적입니다. 묘하게 보호 본능

막힌 인생을 뚫는 법

을 자극합니다. 하지만 이런 모습은 미끼입니다. 내심 자신의 응석을 받아 주고, 하소연을 들어줄 사람을 끊임없이 찾아다니고 있는 겁니다.

의존적인 사람은 작은 일에 집착하면서, 때때로 자신의 상상력을 더해 과잉의식에 빠질 때가 많습니다. 심지가 굳지 못해 사이비종교나 다단계 판매 같은 유혹에도 쉽게 빠져듭니다. 나약한 주체성은 무책임한 행동으로 이어집니다. 시험에 떨어져도, 연애에 실패해도, 사기를 당해도 남의 탓으로 돌리거나 쓸데없이 자학하는 태도를 보입니다. 상대방의 동정을 이끌어 내는 행동입니다. 여기에 맞장구를 쳐 주면, 상대에 다른 부담을 안겨 줍니다. '나는 불쌍한 사람이니 네가 나를 도와줘야 해' 같은 이기적 논리로 귀결되는 경우가 많습니다.

인생의 겨울을 맞이했다면, 불필요한 인연을 잘라 내야 합니다. 썩은 동아줄은 끊어 내는 것이 좋습니다. 겨울에는 힘이 현저하게 약해지고 조력자도 떠나갑니다. 이런 시기에는 작은 부담도 큰 손해로 이어질 수 있습니다. 하물며 언제 터질지 모르는 시한폭탄까지 끌어안고 있을 필요가 없습니다. 부모와 자식 같은 천륜이 아니라면, 부담스러운 관계는 절연하는 것이 좋습니다. 비워 내야 채울 수 있습니다. 악연을 털어 내야 좋은 인연이 들어올 자리가 생깁니다. 겨울은 정리하고 버리는 시기입니다.

좋은 사람들과 인연을 맺으며 살기에도 바쁜데, 굳이 나쁜 인연까지 끌고 갈 필요는 없습니다.

막힌 인생을 뚫는 법

19. 큰 것을 취하고 작은 것을 버려라

작은 것에 집착하는 마음은 패망의 지름길입니다.

겨울에는 작은 것을 버리고 큰 것을 취해야 살 수 있습니다. 버리는 것이 얻는 길입니다. 과감하게 군더더기를 없애야 혹한을 견뎌 내고 봄을 맞이할 수 있습니다. 사소한 것을 버리지 못하고 소탐대실(小貪大失) 한다면 더 큰 화를 입을 수 있습니다.

아일랜드 출신 탐험가 어니스트 섀클턴^{Ernest Shackleton, 1874~1922}이 이끄는 원정대는 인듀어런스호(號)를 타고 남극 탐험에 나섰다가 부빙을 만나 옴짝달싹하지 못하는 상황에 처하게 됩니다. 1915년 10월, 고립무원 상태에서 타고 온 배까지 완전히 가라앉자, 탐험대는 생존을 위한 기나긴 사투에 돌입합니다. 배를 포기한 섀클턴은 대원들에게 개인 소지품을 1킬로그램 이하로 줄이라고 명령했습니다. 생존을 위해 불필요한 물건은 전부 버리라는 취지였습니다.

섀클턴은 솔선수범을 보이기 위해 자신이 갖고 있던 금화와 시계 등 귀중품을 대원들이 보는 앞에서 내던졌습니다. 탐험을 떠나기 전에 알렉산드라 황태후가 직접 선물한 값비싼 성경도 몇 페이지만 뜯어낸 뒤 얼음 위에 올려놓았습니다. 이 모습을 본 대원들도 앞다퉈 자신이 가지고 있는 소지품을 버렸습니다. 이후 섀클턴의 탐험대는 634일간 남극의 엄혹한 환경과 치열한 투쟁을 벌인 끝에 27명의 대원 전원이 무사히 구조되었습니다.

최악의 조건에서 섀클턴의 탐험대가 무사히 생환할 수 있었던 이유는 '불필요한 것은 버린다. 생존에 집중한다'는 전략이 주효했기 때문입니다. 금화와 관측기구 같은 사치품을 들고 다니며 남극의 벗어나는 건 불가능에 가까웠습니다. 백척간두의 상황에서 섀클턴은 과감하게 포기할 줄 알았고, 그 결과 소중한 대원들의 생명을 지킬 수 있었습니다. 섀클턴의 뛰어난 상황판단 능력과 강인한 지도력은 현재까지도 많은 사람들에게 귀감이 되고 있습니다.

겨울은 사소한 실수도 용납하지 않습니다. 실책이 곧 죽음으로 이어질 수 있기 때문입니다. 따라서 작은 일에 과하게 대응해서는 안 됩니다. 찻잔 속의 미풍이 언제든지 태풍으로 바뀔 수 있습니다. 자꾸만 신경을 거슬리게 하는 일은 인생을 겨울로 끌고 들어가기 위한 운명의 미끼입니다. 평정심을 유지하면서 묵직하게 큰일에 집중하는 대범함이 필요합니다.

행동에 우선순위를 정하고 '보다 중요한 것'에 집중하는 습관을 길러야 합니다. 얻을 것에 비해 위험이 크다면 섣불리 움직

막힌 인생을 뚫는 법

이지 않는 게 좋습니다. 태산처럼 무겁고, 신중하게 행동해야 겨울을 버티어 낼 수 있습니다. 무엇보다 심적으로 동요하지 말고 평정심을 확보하는 일이 우선입니다. 당황하면 덫에 걸리기 쉽습니다.

평정심을 유지하기 위해서는 먼저 욕심을 버려야 합니다. 욕심은 집착을 낳고, 집착은 분별력을 흐립니다. 욕심의 본질은 물욕(소유욕)입니다. 물욕은 작은 이익에 착근하는 성질이 있습니다. 작은 것일수록 쉽게 가질 수 있다고 착각하기 때문입니다. 하지만 이것은 맘몬(mammon, 재물의 신)이 뿌려 놓은 미끼입니다. 물욕을 통제하지 않으면 욕심이 화근이 됩니다.

작은 이익에 대한 집착을 버리고 독이 든 미끼를 물지 않도록 늘 경계하십시오. 욕심이 앞선다면, 과연 위험을 감수하고 나설 가치가 있는지 냉정하게 따져 가면서 신중하게 움직여야 합니다. 겨울은 확산이 아닌 수렴의 시기이고, 위험이 커지는 때이므로 매사 보수적으로 판단하는 것이 합리적입니다.

수나라 문제의 뒤를 이어 즉위한 양제^{煬帝, 569~618}는 대외적으로 팽창 정책을 펼치며 주변 국가들에게 입조(入朝)를 요구했습니다. 하지만 고구려는 이 같은 요구에 응하지 않았습니다. 과거 수양제의 아버지인 수문제도 호락호락 고개를 숙이지 않는 고구려를 정벌하기 위하여 30만 대군을 일으켰지만 실패한 적이 있습니다.

"변방의 소국 따위가 감히 천자의 나라를 능멸하다니, 가만두지 않겠다."

격분한 수양제는 고구려를 정벌하기 위해 대대적인 원정에 착수합니다. 전국적으로 수많은 군사와 물자를 징발하였으며, 수군에게 즉각 300척의 군선을 건조할 것을 지시했습니다. 그 결과 인부들은 물속에서 나오지 못하고 밤낮으로 군선을 만드느라 하반신이 썩고 구더기가 슬었다는 일화가 전해집니다. 전쟁 준비로 백성들을 얼마나 쥐어짰는지 짐작할 수 있는 대목입니다.

정벌군 규모는 113만 명에 달했는데, 행렬의 길이가 천 리에 이르렀고, 출발하는 데에만 48일이 걸렸다고 합니다. 고대사회의 인구를 생각하면 그야말로 국력을 통째로 갈아 넣은 어마어마한 원정 규모가 아닐 수 없습니다. 여기에 군량미와 보급품을 나르는 비전투 인원까지 감안하면 지금 기준으로도 상상을 초월합니다.

예나 지금이나 전쟁의 성패는 보급에 달려 있습니다. 고구려 정벌군은 방대한 규모만큼 곧 엄청난 물자를 소모하기 시작했습니다. 원정대가 한 걸음씩 내딛을 때마다 국력도 빠르게 소진되었습니다. 하지만 막상 수나라군은 고구려군과 만나 고전을 면치 못했습니다. 수양제가 일선 지휘관들의 재량권을 보장해 주지 않아 극단적인 비효율성에 시달렸기 때문입니다. 예컨대

막힌 인생을 뚫는 법

고구려군은 성이 함락할 위기에 처하면 즉각 사신을 보내 투항할 것처럼 가장하였습니다. 그러면 수나라군은 황제가 있는 행궁에 기별을 보내 어떻게 처리해야 할지 일일이 물어보고, 답신이 올 때까지 무한정 기다려야 했습니다. 그 사이 고구려는 전열을 가다듬어 다시 수성전에 돌입했습니다.

결국 원정군은 목표했던 평양성은 고사하고 국경 지역에 있는 요동성조차 함락하지 못한 채 허우적대고 말았습니다. 마음이 급해진 수양제는 다시 30만 명의 별동대를 구성해 평양성으로 곧장 진격시키면서 100일치 군량을 한 번에 지급했습니다.

병사들은 자기 몫의 식량을 각자 챙겨 들고 행군했는데, 100일치 식량과 무기까지 들고 걷다 보니 여간 힘든 게 아니었습니다. 군량을 버리면 처형을 당했지만 1인당 3석(石)에 달하는 무게를 감당하지 못한 병사들이 지휘관 몰래 곡식을 땅에 파묻어 버렸습니다. 그러자 이번에는 평양성에 당도하기도 전에 식량이 바닥나 굶주림에 시달리게 되었습니다.

전투와 병참에서 잇따라 실패를 거듭한 수나라 원정군의 사기는 이미 바닥을 치고 말았습니다. 이 기회를 놓치지 않고 고구려의 을지문덕乙支文德 장군이 현재의 청천강 이북인 살수에서 반격을 실시해 대승을 거둡니다. 수나라의 30만 대군 중 살아 돌아간 병사는 2,700명에 불과했습니다.

이후에도 수양제는 고구려에 대한 집착을 버리지 못하고 두

차례나 더 원정을 감행했지만 국력만 낭비한 채 모두 실패로 돌아갔습니다. 세간에는 '요동땅에 가면 살아 돌아오지 못한다'는 흉흉한 노랫말이 퍼졌습니다. 끝내 전국 각지에서 대규모 반란이 일어났고, 수양제 본인도 자신의 친위대장에게 살해당하는 비참한 운명을 맞았습니다.

수나라는 한때 군웅이 할거했던 남북조시대를 마감하고 다시 중원을 통일한 왕조입니다. 천하통일 이후 내부의 혼란을 다잡고 국가의 내실을 다지는 데 집중했다면 새로운 역사의 기틀을 마련했을 수도 있습니다. 그런데 동쪽 변방에 치우친 고구려를 잡겠다고 모든 국력을 쏟아부어 전쟁을 일으킨 결과, 오히려 종사가 무너지고 중원이 다시 혼란의 시대로 접어들고 말았습니다. 이처럼 어리석은 일이 어디 있을까요.

수나라에 있어서 고구려 원정은 필수가 아닌 옵션에 불과했습니다. 굳이 요동을 정벌하지 않아도 국가 운영에 큰 문제가 없었습니다. 그럼에도 수양제는 '본때를 보여 주겠다'는 알량한 자존심 때문에 국력을 소진하면서까지 군사를 일으켰고 끝내 처참한 최후를 맞았습니다. 한(漢)나라 이후 다시 중원을 통일한 수나라에게 고구려가 국운을 걸면서까지 정복해야 할 가치가 있었는지 의문입니다.

당나라 현종의 기대조(임금의 바둑 상대)를 지낸 왕저신은 '위기십결'을 지어 바둑을 두는 자세와 원칙을 정립하였습니다. 이

중 하나가 작은 돌을 버리고 큰 돌을 얻으라는 '사소취대(捨小取大)'입니다. 사소한 돌은 버리고 대마를 취해야 대국에서 승리할 수 있습니다. 인생도 마찬가지입니다. 작은 일에 얽매이기 시작하면 끝없이 에너지를 낭비하게 됩니다. 쥐를 잡겠다고 나서다 초가삼간을 다 태울지도 모릅니다.

기운이 넘칠 때는 여러 장애물들을 돌파할 수 있습니다. 하지만 인생의 겨울에는 어림도 없습니다. 사자들은 가젤 한 마리를 잡기 위해 최선을 다합니다. 에너지 효율성 때문입니다. 혹독한 사바나 환경의 특성상 사냥에 많은 열량을 투자하고도 먹이를 얻지 못한다면 온 무리가 굶주림에 시달릴 수 있습니다. 동물들도 이처럼 강약을 조절하면서 힘을 써야 할 때와 아낄 때를 알고 있습니다.

작은 일에 집착하지 마십시오. 자잘한 인연과 사소한 업무에 에너지를 낭비하면 정작 힘을 발휘해야 할 순간에 쓰지 못할 수 있습니다. 굵직하고 중요한 문제부터 차근차근 해결해 나가는 것이 먼저입니다. 일의 우선순위를 잘못 정하거나 감정에 휩싸이면 영영 겨울을 극복하지 못할 수 있습니다.

20. 떳떳하게 대가를 지불하라

세상에 공짜는 없습니다(Nothing is free in your life). 무언가를 얻었다면 반드시 대가를 치러야 합니다. 자명한 진리이지만 많은 사람들이 이 사실을 종종 망각합니다.

공짜에 대한 환상은 값을 치르는 시기가 달라서 발생하는 착시 현상입니다. 대가의 형태와 지불 시기는 조금씩 다릅니다. 하지만 운명은 인생에 쌓인 부채를 한 치의 어긋남 없이 정리합니다. 누구도 이 정산(精算)을 피할 수 없습니다. 뜻하지 않게 횡재를 했다고 좋아할 필요가 없습니다. 엄밀한 의미에서 횡재라는 것은 존재하지 않습니다. 분에 넘치는 불로소득을 얻었다면, 언젠가 건강이나 가족의 목숨, 혹은 이보다 더 큰 재난으로 그 값을 치러야 하기 때문입니다.

상점에서 파는 물건에만 값이 매겨진 건 아닙니다. 하늘 아래 모든 것은 형태를 불문하고 고유의 가치를 갖고 있습니다. 지위든, 명예든, 인간관계든 어떤 것을 얻고자 하면 대가를 지불해야 합니다. 거저 얻어지는 것은 하나도 없습니다.

막힌 인생을 뚫는 법

복권 당첨도 마찬가지입니다. 겉으로는 횡재처럼 보이지만, 갚아야 할 대가가 지연된 것일 뿐입니다. 천문학적인 액수의 복권에 당첨된 사람들이 끝에 가서 불행해지는 것도 이 같은 사실과 맥락이 닿아 있습니다. 복권 당첨 이후 유흥과 마약 등에 손을 댔다 돈을 모두 탕진하고, 더 비참한 삶으로 전락하는 사례가 많습니다.

미국의 사회학자들이 복권 당첨자들의 삶을 추적한 결과, 당첨인의 54%가 5년 내 파산을 했다는 연구결과가 나왔습니다. 이렇게 보면 복권 당첨의 대가는 바로 당첨인의 삶이라고도 볼 수 있습니다. 돈과 자신의 인생을 맞바꾼 셈입니다.

뜻하지 않은 횡재는 재앙의 씨앗으로 돌변할 때가 많습니다. 대가를 치러야 할 시기가 지연될수록 이자가 늘어납니다. 따라서 자신이 감당할 수 없는 재물과 지위는 고사하는 것이 지혜롭습니다. 우연히 얻게 되더라도 사회에 환원하거나 기부를 하는 것이 바람직합니다.

하지만 바른 행실과 적선(積善)으로 복을 짓고 살았다면 선행에 따른 대가로 발복이 일어날 수 있습니다. 모르는 사람의 눈으로 보았을 때는 횡재이지만, 사실은 오랜 시간 덕이 쌓여 후세가 복을 받은 경우입니다. 『주역』「문언전」에는 "적선지가필유여경(積善之家必有餘慶)"이라는 말이 나옵니다. 선한 일을 많이 한 집에는 반드시 경사가 있다는 의미입니다.

베푼 만큼 거둔다는 말을 뒤집으면 '공짜는 없다'는 뜻으로 풀이됩니다. 가난하고 굶주린 이웃에게 베푼 선행이 나중에 복이 되어 돌아온다는 의미이기 때문입니다. '선한 투자'가 세대를 걸쳐 결실을 맺는다고 볼 수 있습니다. 의인의 집안이 흥하고 복을 받는다는 사실은 변함없는 진리입니다. 인생이 막힐수록 이웃을 돕고 섬기는 일에 발 벗고 나서야 하는 이유입니다.

같은 맥락에서 '공짜 문화'가 확산하는 것은 바람직하지 않습니다. 공짜가 넘칠수록 사회의 전체적인 후생과 질(質)은 낙후됩니다. 정치인들이 선심 쓰듯 뿌려대는 무상복지도 사실은 누군가 그 비용을 부담하기 때문에 가능합니다. 절대 공짜가 아닙니다. 하지만 사회 비용을 부담하는 납세자들의 희생은 언론에서 잘 언급되지 않습니다. 마치 당연한 것처럼 사회적 공동비용을 전용하는 것은 악업을 쌓는 행동입니다. 헤픈 사회는 오래지 않아 무너지게 됩니다.

공짜 문화의 해악은 차고 넘칩니다. 먼저 노동과 사물을 가치 없이 만듭니다. 귀한 보물도 무료로 나눠 주면 그 빛을 잃습니다. 사람들이 가치를 인정하지 않기 때문입니다. 결국은 본래의 빛을 잃고 싸구려로 전락하고 맙니다.

만일 의사들에게 전 국민을 대상으로 아무런 대가 없이 무상의료를 강제하면 어떻게 될까요? 질 좋은 의료서비스를 누구나 수돗물 쓰듯 마음대로 이용할 수 있는 유토피아(Utopia)가 도래하게 될까요?

이상과 현실은 다릅니다. 정당한 노동의 대가를 받을 수 없으면 실력 있는 학생들이 의료인 직업을 기피하게 되고, 의학 발전도 지체됩니다. 국민들은 저품질 의료서비스에 시달리게 되고, 부유층을 위한 의료 암시장이 횡행하게 됩니다. 아마 이런 정책을 제안하고 입안한 사람조차 '공짜 병원'은 가지 않을 듯합니다.

물품이든 서비스든 정당하게 제값을 주고 이용해야 합니다. 이것이 '인생 빚'을 지지 않고 살아가는 길입니다. 정부도 서로 정당한 대가를 주고받는 문화를 장려해야 합니다. 그래야 사회가 안팎으로 건강해질 수 있습니다. 공짜와 무상에 열광하면 후손들이 그 빚을 떠안게 됩니다.

인생의 겨울에는 '셈을 치르는 일'에 각별히 주의해야 합니다. 생계가 어려우면 누구든 쪼잔해지기 마련입니다. 하지만 그럴수록 빈천하게 행동해서는 안 됩니다. 부덕한 행동은 자신의 품격을 떨어뜨려 인생을 더 초라하게 만들 수 있습니다. 어려울수록 더 당당하고 떳떳하게 살아가야 합니다. 그래야 막혔던 인생도 풀려나갑니다. 이병철 회장도 "부유할 때는 겸손하고, 가난할 때는 당당하라"고 말했습니다.

가끔 은행이나 관공서에 놓인 믹스커피를 한 움큼씩 호주머니에 넣어 챙겨 가거나 마트에서 물건을 사서 실컷 사용해 놓고,

뒤늦게 반품을 하는 사람들을 볼 수 있습니다. 이렇게 살면 인생이 풀리지 않습니다. 반드시 꼬이고 실패하게 되어 있습니다. 이기적인 행위를 저지르면 크든 작든 누군가 손해를 보게 됩니다. 그 부채가 자신의 삶에 조금씩 쌓여 나가게 됩니다. 가랑비에 옷 젖듯 박복한 행위를 일삼다 보면 나중에는 큰 업보로 돌아오게 됩니다. 작은 행동을 삼가고 조심해서 공동체와 이웃에게 유익이 되는 방향으로 움직여야 복을 받을 수 있습니다. 다른 사람의 노동을 훔치거나 시간을 빼앗는 행위도 금물입니다.

기자로 지내면서 오랫동안 변호사 업계를 취재해 왔습니다. 사법시험에서 법학전문대학원(로스쿨)으로 법조인 양성 시스템이 바뀌면서 과거에 비해 더 많은 변호사들이 배출되었습니다. 그래서인지 수임 경쟁이 더 치열해진 감이 없지 않습니다.

최근에는 변호사들이 상담료를 내지 않는 의뢰인 때문에 어려움을 호소하고 있습니다. 변호사와 같은 전문직은 무형의 지식이 곧 생산수단이자 자본입니다. 말과 글로 생계를 유지해 나가는 지식 노동자에 해당합니다. 따라서 전문지식이 요구되는 법률상담을 하면 자신의 노동 가치에 따라 시간당 소정의 비용을 받습니다. 그런데 일부 의뢰인들이 상담만 받고 돈을 내지 않아 걱정하는 변호사들이 늘었습니다. 상담을 하기 전에 유료라고 알려 주어도 '무슨 대화 한 번 하는 걸 가지고 돈을 받느냐'며 역정을 내기도 합니다. 다른 사람의 노동을 업신여기는 태도입니다.

　전문직종은 관련 자격증을 얻기 위해 오랜 시간 공부하고 투자를 합니다. 그리고 고부가가치를 창출하는 지식 노동에 종사합니다. 이들의 노동과 지혜를 빌리려면 그 가치에 상응하는 대가를 지불해야 합니다. 노동의 형태만 다를 뿐 택시를 타고 갈 때 운임을 내는 것과 같은 이치입니다.

　제가 아는 한 변호사는 지인들이 친분을 핑계로 대가 없이 법률상담을 요구하면 성의 없이 아무렇게나 대답한다고 합니다. 특정 사건에 관해 제대로 된 솔루션을 제공하려면 많은 시간과 노력을 투입해야 하는데, 바쁜 업무 도중 이런 식으로 시간을 빼는 게 여간 곤욕이 아닐 수 없다는 겁니다. 엉터리 상담으로 일이 잘못되어도 책임지지 않습니다. 애초에 공짜 상담을 요구한 사람의 잘못이기 때문입니다.

　인생의 겨울에는 떳떳하게 대가를 지불해야 합니다. 그래야 삶도 당당하게 풀려나갑니다. 원인이 있어야 결과가 있고, 작용이 있어야 반작용이 나옵니다. 내가 먼저 다른 사람의 가치를 인정해야 타인들도 당신의 가치를 인정해 줄 것입니다. 모든 인연은 상호적이라는 사실을 명심해야 합니다.

막힌 인생을 뚫는 법

21. 독서하라

2차대전 당시 가장 처절했던 전투를 선택하라면 단연 '레닌그라드 공방전'을 꼽을 수 있습니다. 러시아 서북부에 위치한 레닌그라드의 원래 이름은 상트페테르부르크로 제정 러시아 시절 수도 역할을 했던 주요거점 도시입니다. 그 중요성 때문에 볼셰비키 집권 이후에는 혁명의 상징이자 국부(國父)로 추앙받은 블라디미르 레닌의 이름을 따 레닌그라드로 명명되었습니다.

서유럽을 제패한 히틀러는 1941년 6월 22일 소련을 전격 침공하는 '바르바로사(barbarosa) 작전'을 전개합니다. 1939년 맺은 독소불가침 조약만 믿고 느슨하게 방비하던 소련은 개전 초기 연전연패를 거듭하며 끝없이 후퇴합니다. 독일은 북부집단군과 중부집단군, 남부집단군으로 나뉘어 신속하게 러시아 내륙으로 진격했는데, 히틀러는 북부집단군에게 레닌그라드를 우선순위로 놓고 점령할 것을 명령합니다. 혁명의 상징과도 같은 레닌그라드를 정복하면 소련이 전의를 상실하고 무너질 것이라 기대했던 겁니다.

 하지만 레닌그라드 시민들도 만만치 않았습니다. 독일군이 국경을 넘자 곧바로 철통같은 방어 태세에 돌입해 도시 전체를 요새화하는 등 단단하게 각오하고 있었습니다. 강렬한 저항에 부딪힌 독일군은 레닌그라드를 쉽게 함락시키지 못했습니다. 이에 독일은 전략을 바꿔 도시 전체를 에워싸고 봉쇄시켜 버리는 고사 작전에 나섭니다.

 얼마 지나지 않아 레닌그라드는 외부와 고립되었고 시민들은 극심한 굶주림과 추위에 시달리기 시작했습니다. 1944년 1월까지 약 900일 동안 이어진 포위 작전으로 100만 명이 넘는 민간인과 군인들이 사망한 것으로 추정됩니다. 시 당국은 물자를 아끼기 위해 1인당 하루에 125g의 빵을 배급했는데, 이는 담뱃갑보다 작은 크기였습니다. 배급량은 사람들이 생명을 유지하는 데 요구되는 최소한의 영양분에 미치지 못했습니다. 마침내 도시의 공공교통이 전부 마비되자, 사람들은 도로와 길가에 아무렇게나 양배추를 심어 식량으로 삼았습니다. 그래도 먹을 것이 부족하자 혁대와 신발에 붙어 있는 가죽을 뜯어 내 삶아 먹었고, 급기야 식인을 하는 지경에 이르렀습니다. 이에 레닌그라드 내무인민위원회는 특별 체포조를 만들어 인육을 먹은 사람들을 총살에 처했습니다. 독일군의 무차별 폭격으로 성한 건물이 별로 남지 않은 데다, 추위를 막기 위해 건물의 문짝과 책, 가구 등

막힌 인생을 뚫는 법

을 태워 땔감으로 사용했기 때문에 도시는 점차 우중충하고 기기괴괴한 모습으로 바뀌어 갔습니다.

아비규환의 지옥도(地獄道)가 눈앞에 펼쳐졌지만 놀랍게도 공공 도서관은 정상적으로 운영되었습니다. 특히 레닌그라드 시립도서관과 과학아카데미 도서관은 하루도 쉬지 않고 문을 열었습니다. 시민들은 평상시와 다름없이 도서관에서 책을 빌리거나 열람할 수 있었으며, 대출한 책을 반납하지 않으면 독촉장도 받았습니다. 사람들은 주린 배를 움켜쥐고 도서관을 찾아 손을 호호 불어 가며 책을 읽었습니다. 사서들도 절반 이상이 굶어죽을 정도로 힘들었지만, 도서관 방문객들이 찾아 달라는 책을 군말 없이 내어 주었습니다. 전쟁 기간 동안 대출된 장서는 무려 8만 권에 달했습니다.

상상할 수 없을 정도로 처절한 상황이었지만, 도서관이 건재하다는 사실만으로도 시민들은 많은 위로를 받았습니다. 예나 지금이나 책은 문명의 상징으로서 다양한 사회적 가치를 함축하고 있습니다. 하루에도 몇 번씩 포탄이 날아오고, 길거리에 수많은 시체들이 널브러져 있어도 시민들은 문을 닫지 않는 도서관을 보며 '우리는 아직 무너지지 않았다'는 용기를 얻었습니다. 극한에 내몰린 상황 속에서 '평범한 일상'을 끝까지 지키고자 했던 눈물겨운 분투가 엿보입니다.

독서 활동은 그 자체로 치유와 회복의 의미를 담고 있습니다.

2차대전 당시 독일군이 레닌그라드를 포위했을 당시,
레닌그라드 공공도서관 직원들이 지붕을 수리하는 모습
(상트페테르부르크 도서관 자료)

막힌 인생을 뚫는 법

책은 정보 전달이라는 표면적인 목적을 넘어 심신을 다스리고 인격을 수양할 수 있는 효과적인 도구입니다. 전쟁과 기아 속에서 레닌그라드 시민들은 잠시 시름을 잊은 채 시(詩)와 고전을 탐독하고, 문학소설을 읽으며 밤을 지샜습니다. 사람들은 톨스토이, 푸시킨, 도스토옙스키의 작품에 몰두하며 적잖은 위로를 받았습니다. 당시 레닌그라드에 머물던 작가 파벨 루크니츠키 Pavel Luknitskiy, 1902~1973는 "사람들이 도시 어디에서나 책을 읽었다"라고 일기에 적었습니다. 어쩌면 나치 독일의 맹렬한 공격을 견뎌낼 수 있었던 저력은 이 같은 '시민적 교양'에서 나왔을지 모릅니다.

부산의 감천동에서 '날다람쥐'라는 별명으로 불리며 구순이 넘도록 새벽 신문 배달을 했던 오광봉 할아버지는 소문난 독서가입니다. 그는 젊은 시절 집에서 가죽을 펴는 작업을 하다 오른손이 프레스에 빨려 들어가는 바람에 손가락이 절단되는 사고를 당했습니다. 실의에 빠진 오광봉 할아버지는 술로 세월을 보내다가 끝내 가족과도 헤어지게 되었습니다. 그는 이혼한 아내가 스님이 됐다는 이야기를 듣고 속죄하는 마음에서 늦은 나이에 제대로 살아 보기로 결심합니다. 그토록 즐기던 술과 담배를 끊고, 아침에는 신문 배달을 하고 저녁에는 독서에 몰두하였습니다. 그가 처음 구입한 책은 청계천 헌책방에서 구한 톨스토이의 『인생독본』이었는데 이후 독서의 즐거움에 푹 빠지게 되었

막힌 인생을 뚫는 법

습니다.

어려운 형편 때문에 17살부터 생업 전선에 뛰어들었던 할아버지에게는 책에 담긴 모든 내용이 새롭게 다가왔습니다. 백지가 물감을 빨아들이듯 장르를 가리지 않고 독서에 열중했습니다. 신문 배달로 받는 월급은 60만 원에 불과하지만 그는 수입의 절반 이상을 책을 사는 데 지출했습니다.

> "책은 정신을 살찌게 하고 좋은 생각을 하게 합니다. 좋은 책
> 을 읽으면 나쁜 생각을 할 수 없습니다."

오광봉 할아버지의 사연이 방송을 통해 소개되자 그는 순식간에 지역 명사로 떠올랐습니다. 하지만 유명세에 취하지 않고 여전히 노동과 독서라는 단순한 라이프 사이클을 유지하며 누구보다 풍요로운 삶을 살고 있습니다. 독서를 통해 삶을 회복한 겁니다.

저도 인생이 풀리지 않을 때마다 도서관을 찾습니다. 모교의 도서관을 방문할 때도 있고 지역에 있는 공공도서관을 찾기도 합니다. 서가에 빽빽하게 꽂혀 있는 책을 보다 보면 저도 모르게 마음이 안정되어 무거운 짐을 한시름 덜어 낼 수 있습니다. 인문, 철학, 역사, 과학, 경영 등 종류를 가리지 않고 꺼내 읽으면서 지혜를 구하기도 하고, 독서가 주는 치유의 효과를 한껏

누리기도 합니다. 따뜻한 커피나 차를 마시며 책장을 한 장씩 넘기다 보면, 코끝을 통해 전해지는 종이 냄새와 손가락에 닿는 뻣뻣한 질감이 마음을 차분하게 가라앉혀 줍니다.

몽테뉴는 "독서만큼 값싸게 주어지는 영속적 쾌락은 없다"고 말했습니다. 책 읽기는 인생의 겨울을 극복하게 만들어 주는 묘약입니다. 포화가 쏟아지는 가운데서도 도서관을 찾았던 레닌그라드 시민들처럼, 어려운 시기를 보낼 때일수록 책을 가까이해야 합니다. 책 속에 길이 있습니다. 책은 정신이 무너지지 않도록 돕고, 지혜를 북돋아 삶에 품위와 지성을 높여 줄 것입니다.

막힌 인생을 뚫는 법

22. '생각주간'을 가지라

인생이 겨울로 접어들었을 때 나타나는 가장 뚜렷한 변화는 생각이 부정적으로 바뀐다는 겁니다. 사회에 대한 반감이나 복수, 증오심은 삶이 앞으로 나아가지 못하도록 발목을 잡습니다. 이러한 잡념에 사로잡히면 퇴행적이고 부잡스러운 인생을 살게 됩니다.

"이놈의 세상 다 망해 버려야 해."

"그 사람은 실력도 없는데, 운이 좋아서 잘나가는군."

"내가 이렇게 된 건 다 그놈 때문이야. 언젠가 반드시 복수하겠어."

부정적인 생각은 꼬리에 꼬리를 무는 특성이 있습니다. 한번 얽매이면 오래되고 사소한 기억조차 올가미가 됩니다. 나쁜 생각을 뇌리에서 떨쳐내지 못하는 지경에 이르게 되는 것이지요. 어느 순간 임계점을 넘으면 폭력이나 욕설 같은 흉포한 행동이 나오게 됩니다. 마음속에 분노가 넘치는데, 선한 언행과 좋은 행동이 나올 리 만무합니다. 분노의 씨앗이 싹을 틔우면 걷잡을

막힌 인생을 뚫는 법

수 없이 폭주하게 됩니다. 점점 과격하고 폭력적으로 변해 주변으로부터 기피인물로 낙인찍히고 맙니다.

잦은 분노는 겨울을 극복하는 데 도움이 되지 않습니다. 분노는 강력한 전염성과 파괴력을 가지고 있습니다.

요제프 괴벨스^{Josepf Goebbels, 1897~1945}는 어린 시절 앓은 골수염 후유증으로 오른쪽 다리의 발달이 지체되는 '만곡족'이라는 장애를 얻었습니다. 1921년 하이델베르크 대학에서 독일 문학으로 박사학위를 취득했지만, 별다른 인맥이나 연고가 없었던 그는 실연을 당하고 취업에도 번번이 실패해 생계를 걱정하는 처지로 전락했습니다.

괴벨스는 평생 동안 방대한 일기를 남겼습니다. 그가 청년 시절 작성한 내용을 보면 사회에 대한 반감과 불만으로 가득합니다. 장애로 인한 열등감이 사회적 실패와 겹쳐 사념(邪念)의 포로가 되었기 때문입니다. 무엇보다 그는 감사하는 마음이 결핍되어 있었고, 겸손이 자리할 수 있는 여유도 없었습니다.

시간이 지날수록 괴벨스의 감정은 단순한 분노를 넘어, 사회를 향한 증오와 적개심으로 서서히 바뀌어 갔습니다. 증오는 지향성을 가지고 있습니다. 늘 구체적인 대상을 특정하여 향하기 마련이고, 이 과정에서 소수자와 사회 약자들을 희생양으로 삼는 경우가 많습니다. 소수자들은 남들과 다르기 때문에, 약자들은 힘이 없다는 이유로 대중적 분노의 손쉬운 표적이 되곤 합니다.

막힌 인생을 뚫는 법

괴벨스의 증오심은 훗날 무자비한 유대인 학살로 현실화되었습니다. 골방에 갇힌 백수의 개인적 분노에 그쳤다면 다행이었겠지만, 그는 나치와 히틀러라는 정치 매개체를 통해 자신의 분노를 세계 무대에서 활활 태울 수 있었습니다.

괴벨스처럼 중요한 시기에 연거푸 실패를 경험하면 누구나 마음이 조급해집니다.

"이러다 정말 큰일 나겠다."

"평생 이렇게 살아가야 하는 것 아닌가."

"차라리 다 망해 버렸으면 좋겠다."

초조한 마음이 고개를 내밀고 생각의 파장이 어두워지면서 우울한 반응이 반사적으로 튀어나옵니다. 그리고 끊임없이 남과 사회를 탓하게 됩니다.

나쁜 감정은 주변 사람들에게 쉽게 전이됩니다. 우울한 사람과 가까이 지내고 싶은 사람은 없습니다. 지인들도 하나둘씩 주변을 떠나게 됩니다. '사람이 떠나는 것'은 불길한 징조입니다. 중심을 잃고 세력이 무너지고 있다는 뜻이기 때문입니다. 부정적인 생각의 늪에 빠지면 인생의 겨울도 깊어지게 됩니다.

생각을 긍정적으로 전환하기 위해서는 의식적인 노력을 부단하게 전개해야 합니다. 좋은 강연과 글을 가까이하면서 차분하게 묵상하는 시간을 갖는 것이 효과적입니다. 묵상의 본질은 끓어오르는 감정을 억제하고 분해하는 심리적 자정 활동입니다.

마음에 맺힌 독소들을 제거하며 깨끗하게 닦는 행위라고 볼 수 있습니다.

현대인들은 늘 바쁘게 살아갑니다. 우리 사회도 그것을 요구합니다. 분주하게 움직이고 활동해야 생산과 소비가 활발히 이뤄지기 때문입니다. 구성원들의 동적인 삶은 때론 사회 활력을 대변하기도 합니다.

하지만 부작용도 만만치 않습니다. 밤낮없이 일하며 먹고 마시는 도시의 삶은 해가 뜨면 일터에 가고 해가 지면 휴식을 취하는 자연의 주기와 어긋납니다. 우리의 신체는 자연의 주기와 연동돼 있습니다. 이러한 주기와 어긋나면 몸과 마음에 무리가 올 수 있습니다.

산업화 이후 인류는 전기 문명과 카페인으로 무장하고 시간과 공간의 제약을 뛰어넘기 시작했습니다. 언제 어디서나 끊임없이 생산 활동을 이어갈 수 있게 된 겁니다. 효율성은 높아졌지만 정신은 점점 위축되고 황폐화되었습니다. 삶을 돌아보고 성찰하는 여유를 잃어버렸기 때문입니다. 현대인들은 항상 '무언가를 해야 한다', '분초를 아껴 생산적인 행동을 해야 한다'는 강박관념에 사로잡혀 있습니다. 생각이 가슴에 뿌리내리지 못하고 부의처럼 떠다닙니다. 마음에 생긴 균열과 틈새로 번뇌가 들어와 싹을 틔웁니다.

깊은 묵상은 생산과 소비라는 자본 사회의 톱니바퀴에서 벗

막힌 인생을 뚫는 법

어나 자아와 진실하게 마주할 수 있도록 만들어 줍니다. 미디어가 만들어 낸 허상적 시뮬라크르(Simulacrum)를 걷어 내고 자신을 객관적으로 바라볼 수 있는 기회를 안겨 줍니다.

사색과 묵상을 통해 생각하는 힘을 회복할 수 있습니다. 범람하는 이념과 넘치는 말들은 사람들로부터 생각하는 능력을 빼앗아 버렸습니다. 사람들은 더 이상 자기 생각과 다른 사람의 생각을 구별하지 못합니다. 남의 생각을 내 생각처럼 말하며, 정말로 그게 나의 생각인 것처럼 착각하는 지경에 이른 것입니다. 그러다 보니 정서와 사상적 지향이 천편일률적으로 변모하며 창의성과 다양성이 되레 감소하는 역전 현상이 강화되고 있습니다.

'플랫폼 알고리즘'과 '빅데이터'가 사람들의 사고를 대신하기 시작했는데, 이제는 사람들이 상업 자본에 의해 의사를 지배당하고 있다는 사실조차 깨닫지 못하는 단계에 접어들었습니다. 우리 세대가 당면한 가장 시급한 과제는 빼앗긴 분별력을 회복하는 일입니다.

마이크로소프트(MS)의 설립자 빌 게이츠는 1년에 두 번씩 일주일간 시골의 작은 별장에 들어가 홀로 독서와 사색에 전념하는 시간을 보냅니다. 빌 게이츠는 이를 '생각주간(Think Week)'이라 부릅니다.

빌 게이츠는 생각주간에 외부와의 연락을 차단합니다. 누구와도 만나지 않고 스스로를 철저하게 고립시킵니다. 오로지 하루에 두 번 음식을 전달해 주는 사람만 그가 머무르는 곳을 방문할 수 있습니다. 1990년대부터 시작한 생각주간은 빌 게이츠의 창의성과 상상력을 극대화하고, 다양한 분야에서 실천적인 해결 방안을 내어 놓는 원동력이었습니다.

2019년 넷플릭스에서 방영된 다큐멘터리 〈인사이드 빌 게이츠(Inside Bill's brain)〉는 빌 게이츠가 생각주간에 어떻게 지내는지 자세히 묘사하고 있습니다. 다큐멘터리에서 빌 게이츠는 수상 비행기를 타고 워싱턴주 후드 운하(Hood Canal)에 착륙합니다. 이후 10평 남짓한 작은 오두막 별장으로 천천히 걸어 들어갑니다. 한 손에는 대형마트에서 사용할 법한 커다란 쇼핑백이 들려 있는데 여기에는 다양한 분야의 서적이 가득 담겨 있습니다. 빌 게이츠는 책상에 앉아 노트와 펜을 꺼내 들고 무엇을 생각할지 천천히 적어 내려갑니다. 그리고 깊은 사색에 빠져듭니다.

"어떤 책을 읽어야 하는가?"
"누구와 이야기해야 하는가?"
"이 문제에 어떻게 접근해야 하는가?"

빌 게이츠가 고민하는 화두는 비단 기업을 경영하는 일에 국

막힌 인생을 뚫는 법

한되지 않습니다. 그는 정치, 사회, 문화, 지정학 등 다양한 이슈에 대해 질문을 던지고, 스스로 해결책을 찾아갑니다. 이 광경은 마치 구도자들이 깨달음을 얻기 위해 정진하며 나아가는 모습과 닮아 있습니다. 빌 게이츠는 거대한 CPU처럼 여러 아이디어를 묶고, 분해하고, 재조립하면서 생각을 차츰 고도화해 나갑니다. 이러한 과정을 거쳐 처음에는 뿌연 안개처럼 보이던 관념들이 점차 구체적인 솔루션으로 진화해 갑니다.

세계 최대 기업을 이끄는 경영자가 시끄러운 일상을 떠나 오로지 자신에게 집중하는 시간을 갖는 이유가 무엇일까요. 내면의 깊은 우물에서 아이디어를 퍼 올리기 위해서입니다. 그는 사고력을 높이기 위하여 묵상의 힘을 십분 활용하고 있는 겁니다.

매일 같이 시간을 내어 묵상하고 독서하는 시간을 가지며 자신만의 생각주간을 확보하십시오. 길지 않아도 좋습니다. 꾸준히 실천하는 것이 중요합니다. 묵상은 복잡한 외부 상황에 의해 생각이 휩쓸려가지 않도록 붙들어 주는 '닻'과 같은 역할을 할 뿐 아니라 새로운 방향으로 전진할 수 있는 '돛'이 되어 줄 것입니다.

막힌 인생을 뚫는 법

23. 변수를 줄이고 안정을 도모하라

"전쟁은 국가의 가장 큰 일이다. 백성의 생사 및 국가의 존망
과 직결되어 있는 까닭에 깊이 생각하지 않을 수 없다.(兵者,
國之大事. 死生之地, 存亡之道, 不可不察也)"

『손자병법』은 위와 같은 엄숙한 문장으로 시작합니다. 동서고
금을 막론하고 최고의 병서로 손꼽히는 무가(武家)의 고전이 전
쟁의 위험성을 경고하는 메시지로 첫 운을 떼는 것이 예사롭지
않습니다. 나아가 "싸우지 않고 원하는 것을 얻는 게 최선"이라
고 가르칩니다. 전쟁의 목적은 승리가 아닌 생존입니다. 명분에
집착해 실속 없이 전쟁을 일으킨다면, 이겨도 이긴 것이 아닙니
다. 머지않아 온 나라가 위기에 처할 수 있습니다. 전쟁은 될 수
있으면 피하는 것이 좋습니다. 부득이 벌어진다 하더라도 철저
하게 실리를 추구하며 신속하게 끝내는 것이 최선입니다.

4세기 중엽 중국 화북 지방을 제패하고 전진(前秦, 351~394)
을 세운 저족 출신 부견(苻堅)은 나라 안팎을 크게 안정시켰습니다.

그는 명재상 왕맹王猛의 도움을 받아 국력을 신장시켰는데, 혼란을 거듭하던 5호 16국 시대에서는 드물게 문화와 산업이 융성하였습니다. 당시 화북 이남 지역에서는 한족 왕조인 동진(東晉)이 자리하고 있었는데, 전진과 동진이 천하를 양분하고 있는 모양새였습니다.

세월이 흘러 왕맹이 세상을 떠나게 되었습니다. 왕맹은 죽기 전 "폐하께서는 절대 동진을 침략하지 마십시오"라는 유언을 남겼습니다. 하지만 당시 경제력과 군사력에 있어 동진을 압도하고 있었던 부견은 왕맹의 유언을 따르지 않고 남벌을 준비합니다.

"우리에게는 100만 대군이 있는데…."

입맛을 다지던 부견은 신료들의 반대를 무릅쓰고 마침내 원정군을 일으켜 동진을 침략합니다. 하지만 동진의 세력도 만만치 않았습니다. 전진의 부대가 온전히 집결하기 전에 동진의 정예병이 현재의 안후이성에 있는 비수(淝水) 인근에서 부견을 대파합니다. 이 전투로 중원의 판세가 순식간에 뒤바뀌었습니다. 부강했던 전진은 몰락하게 되었고, 동진이 새로운 패자(霸者)로 떠올랐습니다. 부견은 비수대전 이후 실각하고 자신의 부하였던 요장에게 목숨을 빼앗기고 말았습니다. 당대에 흔치 않은 명군이었지만, 때를 기다리지 못하고 성급하게 전쟁을 벌인 결과, 비극적인 최후를 맞았습니다.

『손자병법』의 가르침대로 전쟁은 나라의 명운이 달린 국가의 중대사입니다. 한번 발생하면 변수가 급격히 증가하기 때문에 통제하기 어렵습니다. 예측 가능한 요소보다 그렇지 않은 것들이 훨씬 더 많습니다. 전쟁은 누구의 영향에도 구애받지 않고 스스로의 의지대로 움직입니다. 전쟁은 그 자체로 살아 있는 생물과 같습니다. 국력을 극심하게 소모시키며 어떤 결말로 귀결될지 누구도 확신할 수 없습니다. 단순히 전력 차이가 크다고 승리를 장담하지 못합니다. 세계 최강대국이 변두리 국가에게 불의타를 얻어맞고 패배할 수 있습니다. 베트남이 미군을 꺾고, 우크라이나가 러시아를 상대로 선전한 것은 아무도 예견하지 못했던 결과입니다. 그렇게 때문에 착수와 종결에 극도로 신중해야 합니다.

기원전 280년경 그리스 에페이로스의 왕 피로스는 당대 최고의 전략가로 칭송받았습니다. 피로스는 3만 5천 명의 군사를 일으켜 로마를 침공했는데 두 번의 전투에서 모두 큰 승리를 거두었습니다. 하지만 유능한 장수와 정예 부대를 잃는 등 손실도 만만치 않았습니다. 피로스 왕은 전투 승리를 자축하는 연회에서 이렇게 말했다고 합니다.

"로마인들과 싸워서 한 번만 더 이긴다면, 그땐 우리가 끝장 날지도 몰라."

피로스는 로마를 상대로 연승을 거두었지만 별다른 소득 없이 2만 명의 병력과 지휘관들만 잃은 채 빈손으로 귀국하고 말았습니다. 이후 전쟁에서 승리하고도 아무런 실익이 없는 상황을 일컬어 '피로스의 승리(Pyrrhic victory)'라고 부르게 되었습니다.

살면서 멋진 승리를 거두는 장면을 꿈꿔 보지 않은 사람이 있을까요?

누구나 한 번쯤 스타가 되는 꿈을 꿀 때가 있습니다. 이런 상상은 때로는 삶의 활력소가 됩니다. 하지만 꿈은 꿈일 뿐입니다. 무리하게 꿈을 실현하겠다고 안정적인 상황을 뒤엎고 덤벼들면 문제가 달라집니다. 멀쩡한 직장을 그만두고 뜬금없이 사직서를 내는 사람, 고시에 도전한다며 잘나가던 사업을 접는 사람, 새로운 사랑이 찾아왔다며 가정을 버리고 이혼서류를 내미는 사람.

도전과 객기는 구분해야 합니다. 어릴 적 꿈을 이루겠다면서 늦바람이 난 사람들 중 상당수가 실패합니다. 하지만 실패 사례는 널리 알려져 있지 않습니다. 대중매체는 소수의 성공 사례만 요란하게 추켜세우기 때문입니다. 그러나 미담의 실체를 한 꺼풀 벗겨 보면 대부분 마케팅을 위한 연출이거나 거품인 경우가 많습니다.

어려운 시기에는 자신의 자리를 잘 지키기만 해도 덜 고생합

막힌 인생을 뚫는 법

니다. 무리한 결정은 불안정성을 자극합니다. 실속 없이 평지풍파를 일으키는 행동은 공연히 전쟁을 벌이는 것과 매한가지입니다. 특히 충동적인 결정은 금물입니다. 인생의 겨울에는 삶이 예측 불가능한 구간으로 진입합니다. 따라서 변수를 줄이고 통제 가능한 상수를 늘려야 합니다. 폭풍우와 비바람이 몰아치고 있는데 무리하게 뛰어들 필요는 없습니다.

겨울을 맞이하면 마치 조난당한 배를 다루듯이 신중하게 행동해야 합니다. 배 안으로 물이 새어 들어오고 있는데 무리하게 배를 움직이는 선장은 없습니다. 빨리 구멍 난 선체를 수리하고 기관실을 보전하는 것이 급선무입니다.

겨울에는 핵심 자원을 보존하는 일에 집중해야 합니다. 에너지를 아끼고, 철저하게 실리적으로 움직여야 합니다. 무리한 움직임은 큰 손실로 이어집니다. 자칫하면 부견과 같은 실수를 반복할 수 있습니다.

국내 주류 시장의 절대 강자인 '진로 소주'는 평안도 용강에서 태어난 우천 장학엽張學燁, 1903-1985 선생의 손에서 탄생했습니다. 보통학교에서 조선어를 가르치기도 했던 그는 1924년 진천상회를 설립하고 진로 소주를 처음 선보였습니다. 한국전쟁이 터지자 월남한 선생은 다시 서울 영등포에 서광주조를 세우고 목포에 기반을 둔 삼학소주와 치열한 경쟁을 펼칩니다. 1965년 진로가 소주 생산방식을 증류식에서 희석식으로 바꾸면서 마침내 승기를 잡고 국내 소주시장을 평정하였습니다.

문제는 그다음입니다. 장학엽 선생의 둘째 아들인 장진호 회장이 1988년 이복형 및 사촌과의 오랜 분쟁 끝에 36세의 젊은 나이로 경영권을 획득했습니다. 장 회장은 그룹 총수에 등극한 직후 '탈(脫)소주화'를 선언하고 사업 다각화를 적극 추진합니다. 소주 회사가 소주에서 벗어나겠다는 주장을 입 밖에 냈다는 것 자체가 이미 불행한 결말을 암시하고 있었습니다. 자사의 핵심 가치는 뒷전으로 제쳐두고 사업 확장에 몰두한 결과, 진로그룹 계열사는 8곳에서 순식간에 24곳으로 급증합니다. 하지만 규모만 커졌지 건설과 제약, 유선방송 등 비주력 부문은 사실상 돈만 잡아먹는 골칫덩이에 불과했습니다.

10년 만에 부채는 눈덩이처럼 늘어났고, 소주 매출에 의존하던 그룹의 재무구조가 크게 흔들렸습니다. 그래도 경기가 호황일 때는 겨우겨우 버텨 나갔지만 1996년 외환위기 사태가 발생하자 마침내 진로그룹은 공중분해되고 말았습니다. 아이러니하게도 진로그룹이 법정관리를 밟는 순간에도 소주 부문의 매출과 영업이익은 사상 최대치를 기록하고 있었습니다. 어려운 시기에 서민들은 애환을 달래기 위해 끊임없이 소주를 마셨습니다. 이처럼 충성스러운 고객층과 탄탄한 기술력, 여기에 전국 유통망까지 가진 진로그룹을 두고 세간에서는 '망하는 게 더 힘들다'는 말까지 나왔지만 끝내 파국을 맞이하고 말았습니다.

막힌 인생을 뚫는 법

그 뒤 장 회장은 탈세 등의 혐의로 징역형을 선고받고 해외로 도피하였습니다. 그는 캄보디아와 중국을 떠돌며 여러 사업에 손댔지만 성공하지 못하고 2015년 베이징의 한 자택에서 쓸쓸하게 숨진 채 발견됩니다. 그가 마지막 순간에 재기를 꿈꾸며 시도했던 사업은 다름 아닌 소주 사업이었습니다. 멀고 먼 길을 돌아 삶의 끝자락에 당도하고서야 비로소 '조강지처'에 눈을 돌린 셈입니다.

하고 싶은 일과 잘할 수 있는 일을 구분하여 분별 있게 행동해야 합니다. 인생의 겨울에 내리는 결정은 각별히 유의할 필요가 있습니다. 한 번의 실수가 치명적 결과를 초래하기 때문입니다. 봄에는 길을 잃어도 이럭저럭 살아 돌아올 확률이 높습니다. 하지만 겨울은 다릅니다. 길을 잃으면 체온이 떨어져 얼어 죽기 십상입니다. 동물들도 겨울에는 활동량을 최소화하고 오직 생존에 집중합니다. 찬바람을 맞으며 쓸데없이 돌아다녔다가는 살아남지 못할 확률이 높습니다. 인생도 마찬가지입니다.

1994년 '농구 황제' 마이클 조던은 농구선수로서 정점에 이른 시기에 갑자기 야구를 하겠다며 주변을 놀라게 했습니다. 이후 조던은 야구선수로서 '화이트 삭스'에 입단했지만 시원찮은 성적만 남긴 채 1년 만에 농구 코트로 복귀했습니다. 만일 조던이 끝까지 야구선수로 남겠다고 오기를 부렸다면 그에 대한 평가는 크게 달라졌을 겁니다.

충동에 휩싸여 안정적인 상황을 뒤엎는 결정을 내리는 것은 피해야 합니다. 언론에 나오는 화려한 성공담은 극히 일부에 불과하며 자신이 이러한 '예외적인 경우'에 해당한다고 믿어서는 안 됩니다. 특히 세력이 약해지는 겨울에는 최대한 변수를 줄이면서 침착하게 안정성을 높이는 방향으로 선택지를 좁혀야 합니다. 손실을 만회하겠다며 무리수를 던지면, 침체를 벗어나지 못합니다. 실리에 무게중심을 두어 행동하고, 돌다리도 두드리며 건너는 심정으로 한 걸음 한 걸음 신중하고 무겁게 내딛어야 합니다.

24. 가난한 사람에게 베풀라

필요 이상의 재물은 내 것이 아닙니다.

부자라고 하루에 100끼를 먹을 순 없습니다. 잠을 자는 데 수백 평의 땅이 필요하지도 않고 수백 년 넘게 살아갈 수도 없습니다. 부자나 권력자도 하루에 세 끼를 먹고, 1평 남짓한 공간에서 잠들며, 길어야 90년 안팎을 살아갑니다.

살아가는 데 꼭 필요한 재물에는 상한선이 있습니다. 개인이 의식주(衣食住)를 편안하게 영위할 수 있는 부는 생각보다 크지 않습니다. 부족하지 않게 먹고, 입고, 사용해도 남는 재물은 여분에 해당합니다. 이 같은 '필요 이상의 부'는 내 소유가 아닌 잠시 맡아서 관리하는 재물로 바라보는 것이 좋습니다. 여분의 재물에는 공공재의 성격이 잠재되어 있습니다.

명리학에는 정재(正財)와 편재(偏財)의 개념이 존재합니다. 정재는 고정적으로 들어오는 수입이고, 편재는 잠깐 들어왔다 빠져나가는 돈을 가리킵니다. 규모는 편재가 정재에 비해 크지만, 안정성이 다소 떨어집니다.

　여기서 편재의 개념에 주목할 필요가 있습니다. 큰 규모에 부정기적으로 들고나는 특성 때문에 투기성 자금이나 일확천금으로 해석하기도 하고, 대규모 자금을 다루는 직업적 물상을 지칭하기도 합니다. 수백억 펀드를 운용하는 헤지펀드 매니저가 이러한 관념에 부합할 수 있습니다. 여러 시각을 종합했을 때 편재는 본래 나의 것이 아니라고 판단하는 게 합리적입니다. 내 손에 쥐고 있을 때는 자기 것이라고 착각할 수 있지만 내 의지와 무관하게 들어왔다 나가는 재물을 '내 것'으로 인식하는 것은 타당하지 않습니다. 소유가 아닌 관리의 시각에서 접근하는 것이 맞습니다.

편재는 재물의 본질적인 속성과 치부(致富)의 한계를 잘 나타내 줍니다. 세상에 완전한 나의 소유는 없습니다. 관념적 차원에서 형성된 소유권 개념이 실제 물질에 대해서도 영향을 미친다는 사회적 합의만 존재할 따름입니다. 따라서 '소유한다'는 관념이 실제 소유와 일치하는지 알기 어렵습니다.

나아가 재산을 얻는 과정을 살펴보면 개인의 수고와 노동에 따라 정량적으로 분배되는 것도 아닙니다. 적은 수고에도 풍성하게 재물을 모으는 사람이 있는 반면, 밤낮없이 일해도 좀처럼 돈이 모이지 않는 사람이 있습니다.

'돈이 사람을 가린다'는 말이 있습니다. 사람들이 재물의 주인 행세를 하지만, 실제로는 돈이 인간을 선택하는 것일지도 모릅니다.

먹고, 입고, 살아가는 데 부족함이 없다면 그 외의 부는 공동체와 주변을 이롭게 하는 데 활용되어야 합니다. 절대 놓치지 않겠다고 꽉 쥐고 있어도 부질없습니다. 시간이 지나면 모래처럼 흩어집니다. 내가 부를 재물을 사용할 수 있는 위치에 있을 때 선하고 바람직한 용도로 쓰는 것이 최선입니다.

모세는 이집트에서 노예 생활을 하던 유대 민족을 이끌고 광야로 탈출했습니다. 백성들이 배고픔을 호소하자 하느님은 '만나(manna)'라는 특별한 양식을 하늘에서 뿌려 주었습니다. 만나는 반드시 하루 분량만 거둬야 했는데, 만일 몰래 쌓아 두면

막힌 인생을 뚫는 법

하루 만에 썩어 구더기가 생겼다고 합니다.

과도한 부는 '하루 분량'을 넘는 만나와 같습니다. 많으면 많을수록 좋은 것 같지만 결국 부패하게 됩니다. 해(害)가 될 정도로 많이 소유하는 것은 바람직하지 않습니다. 너무 많은 것을 가졌다면 남는 것은 내 것이 아님을 즉시 깨닫고 선용(善用)하는 길을 찾아야 합니다. 재물이 사람과 사회를 살리는 쪽으로 활용되어야 당사자와 공동체 모두에 복이 됩니다.

저는 30대 중반에 한 작은 회사에서 일을 하게 되었습니다. 업무는 마음에 들었지만 급료가 몹시 박했습니다. 회사는 3개월 단위로 나누어 두 달은 적게, 한 달은 많게 급여를 지급했는데, 적게 받는 달에는 월급이 최저 임금을 훨씬 밑돌았습니다.

그래도 저는 감사하게 여겼습니다. 회사는 뛰어난 역량을 갖출 수 있도록 훈련시켜 주었고, 훌륭한 동료들과 좋은 인연을 만나게 해 주었기 때문입니다. 무엇보다도 미력하게나마 남을 도울 수 있는 여력을 갖추게 해 주었습니다. 이 무렵부터 저는 지역 고아원에 매달 적은 액수나마 후원을 시작했습니다. 후원을 결심하게 된 계기는 우연한 계기 때문이었습니다. 무심코 성경을 펼쳐 읽었는데 "의인이 버림을 받거나 그의 후손이 걸식하는 것을 보지 못하였다"라는 구절을 보게 되었습니다. 문득 '이 말이 정말 사실일까'라는 생각이 들었습니다. 그리고 속는 셈 치

---

* 시편 37장 25절

고 한번 그대로 실천해 보기로 마음먹었습니다. 넉넉지 않은 살림을 일으켜 세울 뾰족한 수도 없었기에 '베풂과 선행으로 복을 쌓아 보자'는 일종의 역발상을 한 것입니다.

마침 제가 살고 있는 지역의 고아원에서는 후원이 필요한 아이와 후원자를 서로 이어 주는 결연 프로그램을 실시하고 있었습니다. 이를 통해 한 아이와 인연을 맺고 정기적으로 후원할 수 있게 됐습니다. 이후 월급이 오를 때마다 후원 액수도 조금씩 늘렸습니다.

베풀기 시작하자 꽉 막혔다고 생각했던 인생이 서서히 풀리기 시작했습니다. 매사에 형통하였고, 하는 일마다 좋은 성과를 거두었습니다. 이때부터 수입이 줄어들지 않고 적게나마 항상 증가했습니다. 직장도 더 좋은 곳으로 옮겨 재정 상황이 눈에 띄게 좋아졌습니다. 이쯤 되니 제가 아이들을 돕는 것인지, 제가 아이들의 덕을 보고 있는 것인지 알 수 없었습니다.

나눔은 마음가짐에 달렸습니다. 베풀고자 하는 마음이 없다면 거액을 쌓아 두어도 남을 돕지 못합니다. 반면 돕겠다는 의지만 있다면 적은 돈을 쪼개서라도 베풀 수 있습니다.

지구는 둥글지만 우리는 평평하다고 느끼며 살아갑니다. 실제로 접하는 공간이 협소하기 때문입니다. 따라서 체험적으로 인간은 지구를 평평하게 지각할 수밖에 없습니다. 땅에 발을 딛고 살아가는 한, 우주에서 촬영한 둥근 지구는 경험하기 어렵습

막힌 인생을 뚫는 법

니다.

죽음도 마찬가지입니다. 모든 인간은 언젠가 죽음을 맞게 됩니다. 생로병사는 자연스러운 과정이며, 죽음은 생각보다 가까이 있습니다. 하지만 일상에서 죽음의 이미지를 떠올리기는 쉽지 않습니다. 죽음 자체가 터부시되는 데다, 각종 미디어도 죽음과 관련한 내용은 언급하기 꺼려합니다. 이 때문에 사람들은 하루하루 자신이 늙어 간다는 점과, 죽음에 가까워지고 있다는 사실을 느끼지 못합니다. 따라서 영원히 살 것처럼 행동합니다. 인식적 한계와 제약 때문에 둥근 지구를 평평하다고 느끼는 것과 같습니다.

죽음 앞에서 재물은 의미가 없습니다. 돈보다는 지나간 날들에 대한 회한이 앞설 것입니다. 반드시 더 베풀지 못했던 사실을 후회하게 됩니다. 사는 동안에 선을 행하는 것보다 나은 것이 없기 때문입니다.* 죽음을 목전에 앞두고 나서야 재물과 권력을 저승으로 가져갈 수 없으며, 내 것이라 여겼던 것들이 사실은 내 것이 아님을 알게 됩니다. 사람은 세상을 떠나는 순간에 더 많이 벌지 못함을 아쉬워하는 게 아니라 더 많이 베풀지 못함을 후회하게 됩니다.

내 것이 아닌데 손에 쥐고 있으면 독이 됩니다. 건강을 해치고, 관계를 망칩니다. 그리고 후회만 남겨 놓습니다.

---

* 전도서 3장 12절

적게 가졌다면 적게 베풀고, 많이 가졌다면 많이 베풀어야 합니다. 선행에도 이자가 붙습니다. '적선지가필유여경(積善之家必有餘慶)'입니다. 베풂이 많은 사람과 가문은 반드시 복을 받습니다.

인생의 겨울에는 여유가 사라집니다. 너그러운 사람도 인색하고 표독스럽게 변합니다. 마음이 각박해지기 때문입니다.

어려운 시기일수록 발상의 전환이 필요합니다. 때로는 욕심을 버리고 선행에 투자하여 반전의 계기를 마련해 보겠다는 발칙한 상상력을 발휘할 필요가 있습니다. 선한 행동은 결코 색이 바래지 않습니다. 푼돈을 쥐기 위해 아귀다툼을 벌여 봤자 삶은 한 치도 나아지지 않습니다. 작은 이익에 연연해서는 겨울을 극복하기 어렵습니다. 버려야 얻을 수 있습니다. 적선(積善)은 고금을 막론하고 단 한 번도 실패한 적 없는 불침(不侵)의 투자입니다. 꽉 막힌 인생을 뚫겠다고 결심했다면, 선행과 베풂으로 멋진 역전 드라마를 써 보시길 바랍니다.

막힌 인생을 뚫는 법

25. 여행을 떠나라

떠남에는 두 가지 목적이 있습니다. 하나는 채우기 위해서고, 다른 하나는 비우기 위해서입니다. 두 목적은 전혀 다른 것처럼 느껴지지만, 새로움을 지향한다는 측면에서 공통점을 가집니다.

낯설음은 삶에 작은 충격을 가합니다. 돌멩이가 잔잔한 연못에 소소한 파장을 일으키는 것과 같습니다. 작은 변화는 때때로 생각지 못한 번뜩이는 아이디어를 선사하기도 하고, 몸과 마음의 회복을 돕습니다.

공간의 변화는 내면의 변화를 추동합니다. 낯선 환경이 심상(心象)에 영향을 미치기 때문입니다. 내려놓고 보아야 얻는 것이 많습니다. 여행은 기존의 관점을 강화하는 것이 아닌, 새로움을 경험하고 체득하는 기회가 되어야 합니다.

여행과 관련해서 한 가지 유명한 일화가 있습니다. 삼성 이병철 회장의 '동경(東京)구상'입니다. 이 회장은 1958년 한국경제 재건연구소를 세우고 어떻게 하면 나라의 산업을 일으킬 수 있을지 각계 인사들을 두루 초청하여 토의했습니다.

그는 먼저 식량부족 사태를 해결하기 위해 농업 생산력을 높여야 하고, 이를 뒷받침할 수 있는 질 좋은 비료를 국내에서 생산해야 한다고 생각했습니다. 하지만 한국전쟁을 겪으며 국토가 폐허가 된 데다, 정치 상황마저 불안정해 공장을 짓기 위한 자본을 유치할 도리가 없었습니다. 끙끙대던 이 회장은 머리를 식히고 방법도 떠올릴 겸 1959년 가을 미국 여행길에 올랐습니다. 귀국하던 도중 도쿄에서 새해를 맞이했는데 이를 계기로 그는 매년 새해에 도쿄를 방문해 사색과 구상에 전념하였습니다.

독서가였던 이병철 회장은 도쿄 시내의 서점들을 순회하면서 직접 고른 책을 한 아름씩 들고 호텔로 와 집중적으로 읽었으며, 일본 각계각층의 주요 인사와 폭넓게 교류하는 시간을 가졌습니다.

이 회장의 동경구상은 삼성 발전을 견인하는 숨은 공로자였습니다. 1983년 2월 8일 이 회장은 도쿄 오쿠라 호텔에서 삼성의 반도체 사업 진출을 발표합니다. 이것이 그 유명한 '2.8 도쿄 선언'입니다. 이때 내린 결단은 우리나라가 세계 최고의 반도체 강국 반열에 오를 수 있는 초석이 되었습니다. 이병철 회장의 동경구상이 없었다면 지금의 삼성전자도 존재하지 않았을 것입니다.

그런데 이병철 회장은 왜 굳이 서울을 떠나서 생각하는 시간을 가졌을까요?

막힌 인생을 뚫는 법

당시 경제와 산업이 훨씬 앞서 나가던 일본에서 새로운 문물을 직접 목도하고 유익한 정보를 입수하는 측면이 강했을 겁니다. 하지만 근본적으로는 낯선 환경이 가져다주는 '생경함의 유익'을 얻기 위해서라고 생각합니다. 익숙한 환경과 사람들 사이에만 머무르면 시야가 좁아질 수밖에 없습니다. 새로운 구상이 잘 떠오르지 않습니다. 아이디어가 나와도 '그 밥에 그 나물'인 경우가 대개입니다.

좁은 우물을 벗어나 새로운 공간에 놓이면 생각 회로가 달라집니다. 낯선 여행지에서만 느낄 수 있는 알 수 없는 설렘과 신선한 충격을 누구나 한 번쯤 경험해 보았을 겁니다. 두뇌는 유연하게 변하고, 마음이 열려 그동안 떠올리지 못했던 신선한 아이디어가 샘솟습니다. 앞서 말한 '작은 충격'이 닫혀 있던 의식의 문을 두드리는 겁니다. 이 과정에서 낡은 관념이 떨어져 나가고 생각에 질적인 변화가 나타납니다.

러시아의 근대화를 이끈 표트르 대제$^{Pyotr,\ 1672~1725}$는 루스(Rus) 국의 차르 알렉세이의 다섯 아들 중 막내로 태어났습니다. 알렉세이는 두 명의 부인을 두었는데 첫 번째 황후는 밀로슬라프스키 가문에서, 두 번째 황후는 나리쉬킨 가문에서 배출했습니다. 표트르는 나리쉬킨 가문의 나탈리아 황후 소생이었습니다.

알렉세이가 세상을 떠난 후 밀로슬라프스키 가문 출신 황후가 낳은 장자 표도르가 새로운 차르에 오르자 표트르는 권좌에서 멀어지는 듯했습니다. 하지만 선천적으로 몸이 허약했던 표도르는 후사 없이 금방 숨을 거두었고, 표트르가 고작 10살의 나이에 새 차르에 등극합니다. 표트르에게는 이반이라는 형이 있었지만 이반은 말도 제대로 못 하는 등 지적 장애가 있었기 때문에 차르가 되기 적합하지 않았습니다. 하지만 얼마 지나지 않아 야심만만하고 권력욕이 강한 이복 누나 소피아가 구식 군대인 스트렐치(streltsy)를 동원해 궁정 쿠데타를 일으켰습니다. 쿠데타에 성공한 소피아는 크레믈린에서 나리쉬킨 가문 인사들을 축출한 다음 표트르와 함께 이반을 공동 차르로 선포합니다. 그리고 자신은 섭정이 되어 모든 국사를 관장하였습니다. 실각하게 된 어린 표트르는 왕궁을 떠나 모스크바 교외에 있는 왕실 영지인 프레오브라젠스크에 머무르게 됐습니다. 일종의 좌천이었지만 이는 표트르와 러시아에 있어 큰 전화위복(轉禍爲福)이 되었습니다.

당시 프레오브라젠스크에는 영국, 네덜란드, 독일인 등 서유럽에서 온 외국인들이 많이 거주하고 있었습니다. 표트르는 이들과 교류하면서 새로운 세상에 눈뜨게 됩니다. 지적 호기심이 왕성했던 그는 자주 외국인 마을을 찾아 서구의 신문물을 습득했으며 전쟁놀이를 한다는 명분으로 귀족 자제들을 모아 자신만의 친위 연대를 조직하였습니다. 이 시기 만난 스코틀랜드 출신 군인 패트릭 고든[Patrick Gordon]은 그에게 군사적 조언을 아끼지

막힌 인생을 뚫는 법

않았으며, 네덜란드 상인들은 바다를 향한 원대한 꿈을 심어 주었습니다. 표트르는 한 별장 창고에서 낡은 영국산 돛단배를 발견했는데, 배의 매력에 푹 빠진 그는 이후 근대적인 러시아 해군을 창설하고 바다를 개척하는 데 온몸을 바쳤습니다.

장성한 표트르는 마침내 소피아를 몰아내고 차르로서의 권력을 되찾게 됩니다. 개혁에 눈뜬 그는 1697년 유럽에 '대사절단'을 보내면서 자신도 함께 따라나섭니다. 선진 문물을 체득하기 위한 여행이었습니다. 그동안 러시아 영토를 벗어나지 않았던 이전 차르들과 사뭇 다른 행보입니다. 표트르는 서유럽을 주유하는 동안 "나는 학생이다. 선생을 찾고 있다"라는 글귀가 새겨진 인장을 소지하고 다녔다고 합니다.

파격은 여기서 그치지 않았습니다. 표트르는 군주의 신분을 속이고 평민으로 위장한 뒤 자유롭게 방문 국가를 돌아다닙니다. 2미터가 넘는 큰 키에 눈에 띄는 외모를 가지고 있어 그를 알아보지 못하는 사람은 그리 많지 않았지만, 표트르는 진지했습니다.

네덜란드에서는 암스테르담 시장의 주선으로 목수로 위장해 동인도회사의 선박을 건조하는 일에 참여했습니다. 소박한 오두막에 거주하고, 직접 공구통을 들고 출퇴근하면서 조선술을 배웠습니다. 표트르는 선박장인으로부터 선박 건조술을 이수했다는 수료증을 받기도 했습니다. 그 외에도 해부학과 식물학 등

막힌 인생을 뚫는 법

다양한 분야에 관심을 보였으며, 최대한 많은 선진 문물을 습득하고자 노력하였습니다.

한껏 견문을 넓히고 귀국한 표트르는 마침내 대대적인 근대화 개혁에 착수합니다. 그는 '야만적인 후진국' 이미지에서 벗어나지 못했던 러시아를 쇄신하여, 재위 기간 유럽 열강들과 어깨를 나란히 할 수 있는 강대국 반열에 올려놓았습니다. 대제(The Great)라는 호칭이 아깝지 않은 놀라운 업적임이 틀림없습니다.

이병철 회장의 동경구상과 표트르 대제의 유럽 여행은 다른 듯하면서도 닮아 있습니다. 이 회장이 정적인 활동에 조금 더 방점을 두었다면, 표트르 대제는 실용적인 지식과 문물을 적극 흡수하는 동적인 면모가 눈에 띕니다. 하지만 '새롭고 낯선 환경에서 미래지향적 아이디어를 얻는다'는 공통분모가 있습니다.

여행은 자아를 비우고, 새롭게 채워 나가는 과정입니다. 내면에 집중하든, 외물에 집중하든 그것은 중요하지 않습니다. 핵심은 삶이 변곡점에 도달했을 때 새로운 곳을 여행하는 것이 큰 유익이 된다는 점입니다. 인생의 겨울에는 여행을 통해 조야한 시각을 극복하고, 새로운 의지를 다지는 기회를 가져 보기 권합니다. 뜻하지 않은 기회의 문이 열릴 수 있습니다.

막힌 인생을 뚫는 법

26. 오래되고 묵은 것을 버려라

겨울의 물상은 '수렴'입니다. 만물이 위축되어 휴식과 동면에 들어가게 됩니다. 추위를 견뎌 내며 힘과 에너지를 축적하고, 봄을 기다리는 시기입니다.

겨울에는 자연스레 생물학적 '구조조정'이 이뤄집니다. 낙엽 털어 내고 잔가지를 잘라 꼭 필요한 곳에 양분이 공급될 수 있도록 합니다. 겨울에는 꽃도, 열매도 없습니다. 하지만 생존에 꼭 필요한 뿌리와 줄기를 옹글게 다져나갈 수 있습니다. 겨울을 잘 버틴 나무가 봄과 여름에 싱싱한 잎사귀를 피울 수 있습니다.

인생의 겨울에는 필요 없는 물건과 관계를 정리해야 합니다. 무엇이든 쌓이면 병이 됩니다. 겨울은 힘과 영향력이 쇠하는 시기입니다. 불필요한 짐을 줄이고 삶을 단순화할 필요가 있습니다.

물자가 귀했던 과거에는 국민 대다수가 버리는 연습을 하지 못했습니다. 근검절약이 애국이었기 때문에, 가정이나 학교에서 온통 '아껴 쓰라'는 말만 반복했습니다. 일제강점기와 한국전쟁을 거치며 겪은 절대 빈곤은 물건에 대한 남다른 집착을 낳았습니다. 그러나 현대는 '대과잉의 시대'입니다. 물건들이 차고 넘칩니다. 이제는 얼마나 잘 버리느냐가 삶의 질을 결정하게 되었습니다.

새 술은 새 부대에 담아야 합니다. 묵은 것을 보내야 새로운 것이 옵니다. 상한 음식이 담긴 그릇에는 새로운 요리를 담을 수 없습니다. 버리지 못하면 채움도 존재할 수 없습니다.

효용이 다한 물건을 버리지 못하는 사람들이 있습니다. 초등학교 때 보던 교과서까지 다 끌어안고 살아가는 저장강박증(compulsive hoarding syndrom) 환자들도 종종 눈에 띕니다.

버리지 못하는 마음은 집착 때문에 발생합니다. 그 자체로 해롭습니다. 버리지 못하고 계속 쌓아 놓는 행위는 취향의 문제가 아닙니다. 마음 깊이 자리한 번뇌입니다. 집착은 수많은 질병과 범죄의 원인이자, 삶을 망치는 독약입니다. 정상적인 사람도 한번 집착하기 시작하면 이해할 수 없는 행동을 거듭하며, 때로는 금수로 돌변합니다. 헤어진 연인을 집요하게 따라다니는 '스토킹 범죄'도 집착이 낳은 병폐 중 하나입니다. 인연을 맺고 끊음에 철저해야 합니다. 이것이 자기뿐만 아니라 상대방에게도 이롭습니다.

수많은 민담과 전설에 등장하는 원혼과 귀신들도 대부분 집착의 화신으로 묘사됩니다. 대부분 이승에서 풀지 못한 미련 때

막힌 인생을 뚫는 법

집착은 번뇌이고 독이다.
버릴 것을 버려야 새로운 인연이 찾아온다

문에 구천을 떠도는 모습으로 그려집니다. 귀신의 존재는 불가지의 영역이므로 언급하지 않겠습니다. 하지만 왜 이런 이야기들이 동서고금을 막론하고 지금까지 생명력을 얻고 있는지는 생각해 볼 필요가 있습니다. 죽어서도 놓지 못할 만큼 사람들이 무언가에 매여 살고 있다는 방증이 아닐까 싶습니다.

공수래공수거(空手來空手去)입니다. 세상에 온전한 자기 소유는 존재하지 않습니다. 권력과 소유물은 모두 빌려서 사용하다 때가 되면 다 내려놓고 떠나는 것이 순리입니다. 누구도 이러한 자연법칙을 거스를 수 없습니다. 집착은 '완전히 소유할 수 있다'는 착각에서 비롯됩니다. 망상에 불과하지만 한 번 싹을 틔우면 아카시아 나무처럼 무성하게 번져 나갑니다. 끊어 내는 데 많은 노력과 시간이 필요합니다.

세상에 영원한 것은 없습니다. 한 세대가 가면 또 새로운 세대가 등장합니다. 모두 '시절 인연'에 불과합니다. 상황과 장소에 따라 귀했던 것이 천해지고, 홀대받던 것이 소중해지며, 아름다웠던 것이 추해지기도 합니다.

중세 유럽에서는 후추가 금보다 귀했던 향신료였습니다. 당시에는 후추 1파운드만 있어도 농노 한 명을 해방해 줄 수 있었습니다. 후추는 인도 남부 해안 지역에서 주로 재배되었는데, 아라비아반도의 이슬람 상인들이 향신료 무역을 독점하고자 유럽인들에게 정확한 원산지와 도입 경로를 숨겼습니다. 맵쌀한

맛과 뛰어난 항균력에 매료된 유럽 사회에서 후추는 높은 인기를 끌었는데, 그 희소성 덕분에 오래지 않아 부의 상징으로 자리를 잡았습니다. 하지만 1498년 포르투갈의 탐험가 바스코 다 가마^{Vasco da Gama, 1460~1524}가 아프리카 희망봉을 돌아 인도로 향하는 항로를 개척하면서 후추 가격은 폭락하였습니다. 이제 후추는 어디서나 쉽게 구할 수 있는 값싸고 흔한 조미료에 불과합니다. 후추 때문에 전쟁까지 벌였던 과거에는 상상조차 할 수 없는 일입니다.

세상에 유일하게 변하지 않는 것은, 변하지 않는 것이 아무것도 없다는 사실뿐입니다. 하늘 아래 영원한 것은 없습니다. 삼라만상에는 다 기한이 있으며, 겨울이 지나면 봄이 오고, 가을이 지나면 겨울이 옵니다. 절대로 무너지지 않을 것 같았던 위대한 제국과 권력도 흩어지기 마련이며, 시대를 풍미한 경국지색(傾國之色)의 아름다움도 한 철에 불과합니다. 집착은 번뇌입니다. 사소한 것에 얽매여 버리지 못하는 것은 번뇌에 사로잡히는 어리석은 행동입니다.

인생의 겨울이 닥쳤을 때 가정 먼저 해야 할 일은 필요한 것만 남기고 버리는 것입니다. '섀클턴 탐험대'처럼 생존에 도움이 되지 않는 물건을 과감하게 정리하는 '다운사이징'이 필수입니다. 모으는 것보다 버리는 일이 훨씬 힘듭니다. 버리는 데에는 훈련이 필요합니다. 의식적으로 '불필요한 것은 아까워하지 않고 버리거나 기증한다'고 마음먹고 늘 실천하려 노력해야 합니다. 추억과 상념도 너무 깊게 빠져들면 집착으로 변합니다. 지나치게 매여서는 안 됩니다.

시험에 자주 낙방하는 사람들을 관찰하면 대체로 잘 버리지 못하는 성격이 많습니다. 시험일이 다가올수록 시험장에 꼭 가져가야 할 핵심 내용만 남기고 나머지는 과감히 버려야 합니다. 이른바 '단권화' 작업을 착실하게 진행할 필요가 있습니다. 그런데 낙방을 거듭하는 사람들은 공부한 내용을 토씨 하나 빼놓지 않고 다 껴안고 가려 합니다. 시험에 나올 확률이 희박한 세세한 내용까지 기억하려고 애씁니다. 결국 온갖 참고서와 교과서를 바리바리 싸들고 시험장을 찾지만 번번이 고배를 마시게 됩니다. 지혜롭지 못한 행동입니다.

공부를 잘하려면 버리는 연습을 해야 합니다. 그래야 좋은 성과를 낼 수 있습니다. 처음에는 지식을 채우고 익힌 다음, 시험일이 다가올수록 출제 가능성이 높은 내용과 그렇지 않은 내용을 선별해서 차차 줄여 나가야 합니다. 사람의 기억력과 학습 능력에는 상한선이 있기 때문입니다.

인생도 마찬가지입니다. 사람의 에너지는 한계가 있습니다. 다양한 인연들과, 손길이 닿은 물건을 전부 끌어안고 갈 수 없습니다. 줄이고, 또 줄이십시오. 삶을 단순하게 유지하는 데 최선을 다하십시오. 무거운 짐을 들쳐 메고 가파른 고개를 오를

막힌 인생을 뚫는 법

순 없습니다. 겨울을 현명하게 보내기 위해서는 선한 것과 악한
것, 중한 것과 경한 것, 귀한 것과 천한 것, 요(要)한 것과 불요
(不要)한 것을 분별력 있게 판단하여 처분해야 합니다. 겨울은
정리의 계절이라는 점을 명심해야 합니다.

27. 장소를 신중하게 고르라

잘 자라던 나무를 옮겨 심었더니 얼마 지나지 않아 말라죽은 경험을 해 보셨는지요. 혹은 새로 물갈이를 해 줬더니 기르던 관상어가 죽어 버린 황당한 경험을 한 분들이 있을지도 모르겠습니다.

생명은 주위 환경과 상호작용을 하며 살아갑니다. 장소가 개인에게 미치는 영향은 무시할 수 없습니다. 장사를 해도 흥행이 잘되는 곳이 있는가 하면, 이상하게 들어서는 가게마다 족족 망하는 곳도 있습니다.

흔히 '목이 좋아야 한다'고 말합니다. 유동인구 등 다양한 요소를 고려한 상권 분석도 중요하지만, 입지적으로 특별한 게 없음에도 묘하게 손님들의 발길이 끊이지 않는 터가 있습니다.

장소가 삶에 미치는 중요성을 간과해서는 안 됩니다. 터와 장소에 관한 이야기를 근거 없는 미신으로 여기는 사람조차 누군가 살해당한 집에 들어가 살라고 하거나, 공동묘지 인근에 집을 지으라고 하면 대부분 손사래를 치며 거부할 겁니다. 찜찜한 마음이 들기 때문입니다. 그렇다면 사람을 '찝찝하게' 만드는 요소가 무엇인지 생각해 볼 필요가 있습니다.

과학적 입증이 어려운 불가해한 영역에 과도하게 관심을 기울이거나 집착하는 것은 바람직하지 않습니다. 공자도 괴력난신(怪力亂神)에 대해서는 언급할 필요가 없다고 가르쳤습니다. 비과학적 샤머니즘과 주술적 행위는 멀리할수록 좋습니다. 하지만 통계적으로나 경험적으로 숙고할 가치가 있는 학문과 주제는 무시해서는 안 됩니다.

장소와 터에 관한 믿음은 '귀신 논쟁'과 닮아 있습니다. 귀신이 있는지 없는지는 과학적 검증의 대상이 아닙니다. 검증이 불가능한 영역입니다. 그 누구도 귀신이 존재하는지, 그렇지 않은지 단언할 수 없습니다. 따라서 귀신의 존재에 대한 질문을 받으면 '모른다'고 대답하는 게 맞습니다.

불가지 영역에 대해서는 통계적·임상적 관점으로 접근하는 것이 타당합니다. 예컨대 전 주인들이 잇따라 사고로 죽었다면, 굳이 그 중고차는 매입할 필요가 없습니다. 자동차에 정비공도 알기 힘든 숨은 하자가 있어 사고가 난 것인지, 아니면 우연이 겹쳐서 사달이 발생한 것인지는 알 수 없습니다. 하지만 이럴 때는 피하는 게 상책입니다. '세상에 그런 게 어디 있어? 난 신경 안 써'와 같은 태도는 불필요한 리스크를 감수하는 위험한 행동입니다.

막힌 인생을 뚫는 법

장소도 마찬가지입니다. 잘나가던 기업이 으리으리한 사옥을 짓고 나서 쇠락하는 경우를 종종 볼 수 있습니다. 그래서 성공한 기업 중에는 일부러 허름한 본사를 옮기지 않는 곳이 많습니다. 확실한 점은 공간이 인간의 심신에 미치는 영향이 지대하다는 것입니다.

인생의 겨울을 맞이했다면 장소에 대해서도 한 번 돌아볼 필요가 있습니다. 전쟁 중 많은 사람이 목숨을 잃은 곳, 큰 사고가 발생한 곳, 사이비 종교 집단이 머물렀던 곳 등은 피하는 것이 좋습니다. 이사를 했는데 갑자기 사업이 안 되고 질병이 생겼다면 신속하게 정리하고 떠나는 것이 좋습니다. 넓게는 직장도 마찬가지입니다. 인생의 겨울에는 최대한 신중하고 보수적으로 운신하는 것이 바람직합니다.

28. 좋은 공동체를 방파제로 삼아라

공동체는 방파제와 굴레라는 두 가지 속성을 가지고 있습니다. 기본적으로는 거센 파도를 막아 주는 장벽과 같은 역할을 수행하지만, 때로는 떨쳐낼 수 없는 굴레처럼 개인을 옥죄기도 합니다. 공동체와 개인의 운명은 상호 연동되는 페어링(pairing) 관계에 놓여 있습니다. 같은 노숙자라도 선진국에 살고 있다면 기본적인 복지 혜택을 누릴 수 있습니다. 반면 최빈국의 노숙자는 더 비참한 상황에 처합니다. 좋은 공동체에 속해 있다면 겨울이 와도 추운 바람을 어느 정도 견딜 수 있습니다.

로만 폴란스키 감독이 연출한 영화 〈피아니스트〉(2002)는 2차대전 당시 나치로부터 박해를 당한 유대인 피아니스트 블라디슬로프 스필만^{Wladyslaw Szpilman, 1911~2000}의 자전적 이야기를 다루고 있습니다. 1939년 스필만은 독일이 폴란드를 점령하기 전 여러 차례 떠날 기회가 있었습니다. 하지만 그는 평생 살아온 고국을 버리지 못했습니다. "어차피 죽을 거면 내 집에서 죽는 게 낫다"라며 피난 가기를 꺼려합니다. 결국 스필만의 가족은 영국과 프랑스 등 연합국의 폴란드 지지 성명을 듣고 바르샤바에 잔류하였습니다. 연합국이 폴란드를 도와 독일의 침략을 막아 줄 것이라 믿었던 겁니다. 하지만 현실은 달랐습니다. 독일은 국경지대에 있는 글라이비츠 방송국을 습격한 뒤 폴란드 군이 먼저 선전 포고를 한 것처럼 꾸미고, 이를 빌미로 폴란드를 침공합니다. 폴란드는 한 달 정도 저항한 끝에 독일군 앞에 무릎을 꿇었습니다.

잔류를 선택한 스필만과 그의 가족은 순진함의 대가를 혹독하게 치르게 됩니다. 유대인 수용소로 떠나는 기차를 타기 전 그는 여동생에게 "진작에 폴란드를 떠날 걸 그랬다"라고 나지막하게 말합니다. 만시지탄(晚時之歎)입니다.

독일 침공 전 폴란드에는 스필만과 같은 상황에 놓인 유대인들이 많았습니다. 이들 중에는 아예 유럽을 떠나 미국이나 남미로 향한 사람들도 있었습니다. 고조된 전쟁 분위기를 감지하고 일찌감치 몸을 피했던 겁니다. 덕분에 이들은 세계대전의 참화를 피할 수 있었습니다. 만일 스필만이 주변의 권고를 듣고 폴란드를 떠나 미국으로 건너갔다면 나치의 군홧발 아래 지독한 고초를 겪지 않았을지도 모릅니다.

개인과 공동체는 떼려야 뗄 수 없는 관계입니다. 내가 속한 국가·기업·가정이 무너지면 그 피해는 고스란히 구성원들에게 돌아갑니다. 월남 패망 이후 바다를 떠돌던 '보트피플'이나 시리아 내전 이후 유럽으로 물밀 듯이 밀려든 대규모 난민 사태는 국가의 명운에 국민들의 운명이 종속되어 있다는 사실을 방증합니다. 반대로 나라가 성장 가도를 달리면 그 수혜를 누리게 됩니다. 극빈국에서 반세기 만에 세계 10위권의 경제 발전을 이룩한 우리나라가 대표 사례입니다.

국가와 가족은 천륜(天倫)으로 묶여 있습니다. 끊기 어려운 사슬과 같으며 구성원들에게 미치는 영향력도 그만큼 막대합니다. 그러나 학교나 직장과 같은 선택적 공동체는 개인의 노력에 따라 충분히 달라질 수 있습니다. 따라서 자신이 몸담을 공동체와 조직을 잘 택하는 것이 중요합니다. 좋은 공동체에 합류하기 위해서는 때때로 치열한 노력이 필요합니다.

"내 주변에는 왜 이런 사람밖에 없지?"

수준 낮은 곳에 가면 당연히 수준 낮은 인연만 만나게 됩니다. 자갈밭에서는 벼가 자라지 않습니다. 잡초와 가라지만 무성할 뿐입니다. 오랫동안 얽매이면 나중에는 탈출할 기회조차 얻기 쉽지 않습니다.

인연은 수레바퀴와 같이 순환합니다. 유익한 만남은 더 좋은 만남으로 이어지고 나쁜 인연은 더 끔찍한 관계로 이어질 가능성이 높습니다. 인연의 초기 값에 따른 네트워크 효과 때문입니다. 한번 범죄와 연을 맺으면 좀처럼 헤어 나올 수 없는 이유가 여기 있습니다. 유유상종(類類相從)입니다. 악인은 더 나쁜 악인을 데리고 옵니다. 이들에게서 좋은 기회와 선한 인연이 나올

막힌 인생을 뚫는 법

리 만무합니다. 나쁜 인연을 인생 울타리에 잘못 들여놓으면 삶이 파탄날 수 있으니 유념해야 합니다.

삶의 질은 소속 공동체의 수준에 깊은 영향을 받습니다. 수준이 높은 곳은 진입장벽이 존재합니다. 들어가기 위해서는 희생과 노력이 뒷받침돼야 합니다. 노력하지 않고 얻을 수 있는 건 존재하지 않습니다. 쉬운 길만 찾아다니면 그만큼 삶의 수준도 내려가게 됩니다. 이러한 행동은 스스로의 가치를 낮추는 행위입니다.

내려가는 것은 쉽습니다. 하지만 다시 올라오기는 어렵습니다. 내려갈 때보다 몇 배 이상의 노력이 필요합니다. 처음부터 공동체와 조직을 신중하게 선택해야 하는 이유입니다. 급하다고 아무 곳에나 취업을 하거나 반려자를 구하면 평생 그 한계를 벗어나지 못하게 됩니다.

"나중에 더 좋은 곳을 가야지."

"지금은 이걸 하지만, 몇 년 뒤에는 꼭 다른 일을 할 거야."

"잠깐만 사귀고 헤어질 거야."

처음에는 이렇게 마음먹어도 나중에는 현실을 극복하기 쉽지 않습니다. 어떤 곳에 머무르든 그 공간에서 맺은 인연들과 또다시 얽히고설키게 되기 때문입니다. 직장도 함부로 선택해서는 안 됩니다. 처음 선택한 직업(직종)에 평생 매일 확률이 높습니다. 젊은 시절 우연히 손댄 일이 평생의 업력(業歷)을 좌우할 수 있습니다.

출신 성분도 바뀌지 않습니다. 어느 곳을 가든 'ㅇㅇ 출신'이라는 꼬리표가 따라다니게 됩니다. 이것은 사회적 평판으로도 작용합니다. 어디서, 누구에게, 어떻게 일을 배웠는지가 개인의 브랜드를 형성하는 요소입니다.

이미 몰락했거나 급격히 무너지고 있는 조직은 가급적 피해야 합니다. 조직이 한번 하강기류를 타면 개인의 힘으로는 이를 반등시키기 어렵습니다. 이미 손댈 수 없을 정도로 치명적인 문제들이 도사리고 있을 확률이 높습니다. 가끔 괜찮은 회사를 다니다 체급과 평판이 더 낮은 곳으로 이직하는 사람을 볼 수 있습니다. 왜 그런 선택을 하느냐고 물어보면 대부분 '내가 조직을 키우면 된다'는 답변이 돌아옵니다. 자신의 의지로 적강(謫降)하는 사람들은 대체로 자기 능력을 과신하는 경향이 있습니다. 하지만 대부분 고생만 하다 간신히 빠져나오거나, 침몰하는 배와 함께 가라앉는 경우가 부지기수입니다.

세(勢)를 무시해서는 안 됩니다. 파도가 힘 있게 밀려오거나 쓸려갈 때 뛰어들면 십중팔구 물에 휩쓸려 사고를 당하게 됩니다. 익사 사고의 많은 유형이 자신의 수영실력을 과신하여 물에 뛰어들었다가 변고를 당한 케이스입니다. 떨어지는 칼날을 잡기 위해 무리수를 둘 필요는 없습니다.

저도 과거에 비슷한 실수를 저지른 적이 있습니다. 준수한 직

막힌 인생을 뚫는 법

장을 다니다가 한 번은 더 작고 영향력도 미미한 곳으로 직장을 옮겼습니다. 평판이 썩 좋지 않았지만 다니던 직장에서 하는 일이 지루하게 여겨졌고, 나름 잠재력도 있어 보였기 때문입니다. '최선을 다해 근면하게 일하면 어떤 조직도 발전시킬 수 있다'는 오기와 근거 없는 자신감도 한몫했습니다.

결과는 참패였습니다. 이직한 곳은 예상했던 것보다 훨씬 심각한 문제들이 즐비했습니다. 인사와 조직 운영에서 구조적인 폐단이 깊게 뿌리내려 회사의 기혈(氣穴)을 막고 있었습니다. 한두 명의 사원이 고군분투한다고 해결될 문제들이 아니었습니다. '차라리 백수가 될지언정 단 하루도 남아 있고 싶지 않다'는 생각이 들 정도로 엉망이었습니다. 결국 10개월 만에 사직서를 내고 황급히 퇴사하고 말았습니다. 어설픈 선택으로 소중한 기간에 비싼 인생 수업료만 지불하고 만 꼴이었습니다.

인생이 겨울에 진입하면 뜻하지 않게 자충수를 둘 수 있습니다. 그중 하나가 '하향지원'입니다. 이러한 선택이 극히 드물게 반화위복이 될 수도 있지만, 현실적으로는 '폭망'으로 끝나는 사례가 압도적으로 많습니다. 만나는 사람의 급수와 업무의 질이 떨어지기 때문에 최악의 경우 경력을 완전히 망칠 수도 있습니다.『구운몽』에 나오는 이야기처럼 신선(神仙)들도 인간 세상에 내려오면 능력을 잃고 평범해집니다. 이를 악물고 현상 유지를 해도 모자를 때에 미끄럼틀을 타고 내려가면 돌이킬 수 없게 됩니다. 어렵더라도 쉬운 길이 아닌 좁은 문을 선택해야 하는 이유입니다.

겨울을 잘 극복하기 위해서는 공동체의 도움이 필수입니다. '아기돼지 삼형제' 우화에 나오는 것처럼 튼튼한 벽돌집에 머물면 외풍이 심하게 불어도 견뎌 낼 수 있는 것과 같은 이치입니다. 1997년 IMF 외환위기 당시에는 온 나라가 경제 위기에 봉착하였습니다. 많은 기업들이 문을 닫고 도산하였습니다. 번듯한 기업을 다니다 졸지에 직장을 잃고 백수가 되는 가슴 아픈 일이 곳곳에서 벌어졌습니다.

하지만 내실 있고 탄탄한 기업들은 소속 임직원들을 무사히 지켜 낼 수 있었습니다. 어떤 회사를 다녔는지에 따라 사원들의 희비가 엇갈린 셈입니다.

좋은 공동체에 합류하십시오. 그러면 인생의 겨울을 맞이했을 때 든든한 방파제가 되어 줄 겁니다. 하향지원은 이러한 방벽을 스스로 허무는 지극히 위험한 행동입니다. 개인은 조직의 힘을 넘어서기 어렵습니다. 한 개의 화살은 부러지기 쉬우나, 여러 개의 화살은 부러뜨리기 어렵습니다. 인류가 삼삼오오 모여 공동체 생활을 하는 이유도 여기 있습니다.

세키가하라 전투 이후 도요토미(豐臣) 가문은 일본 열도의 주도권을 도쿠가와(德川) 가문에 넘겨주었으나 여전히 많은 다이묘들이 도요토미 가문의 당주인 도요토미 히데요리豐臣秀賴, 1593~1615

를 주군으로 여기고 있었습니다. 호시탐탐 기회를 엿보던 도쿠가와 이에야스^{德川家康, 1542~1616}는 호코지의 범종에 자신을 저주하는 문구가 삽입되었다는 핑계로 도요토미 가문과 전쟁을 벌입니다. 그는 20만 명이 넘는 토벌군을 편성하였는데, 대부분의 유력 가문이 이미 대세를 굳힌 도쿠가와 측으로 선회하였습니다.

도요토미 가문의 마지막 희망은 난공불락의 오사카성뿐이었습니다. 오사카성 서쪽은 바다와 접해 있고, 북쪽과 동쪽에 큰 강이 흐르는 천연의 요새였습니다. 특히 외성 바깥에는 폭이 30m나 되는 해자를 둘렀는데, 어지간해서는 오사카성의 철벽 방어를 뚫기 어려웠습니다. 전운이 감돌자 도요토미 측은 성 안에서 수년간 버틸 수 있는 곡식과 식량을 비축하고 전국 각지의 몰락 영주와 무사들을 끌어모아 10만 명의 수비 병력을 마련하였습니다.

1614년 치른 '겨울의 전투(大坂冬の陣)'를 통해 오사카성 함락이 쉽지 않다는 사실을 깨달은 도쿠가와는 성의 해자를 메우고, 낭인조직을 해체하는 조건으로 도요토미 측에 화해를 청합니다. 겉으로는 이왕 거병을 했으니 자신들도 퇴각할 명분을 챙겨 달라는 것이었지만 실제로는 오사카성의 방어력을 약화하려는 속셈이었습니다.

도요토미 진영에서는 격론이 벌어졌습니다. 하지만 해자를 메우는 기간이 정해져 있지 않다는 점에 주목해 일단 화친을 맺

막힌 인생을 뚫는 법

고, 시간을 끌어 보기로 합니다. 당시 도쿠가와 이에야스가 칠순이 넘는 고령이었기 때문에, 적당히 약속을 이행하는 흉내만 내면서 후일을 도모하려는 계획이었습니다.

하지만 화친을 맺자마자 도쿠가와는 수만 명의 인력을 동원해 단 3일 만에 외곽 해자를 메워 버렸습니다. 그리고 한 달도 안 되어 내성과 외성의 해자를 모두 없애 버립니다. 해자가 없어진 오사카성은 외부 침략에 그대로 노출될 수밖에 없었습니다. 당황한 도요토미 측은 다시 해자를 복원하기 위한 공사를 실시했습니다. 그러자 도쿠가와는 기다렸다는 듯이 히데요리가 약속을 어겼다며 다시 군대를 일으키고 벌거숭이가 된 오사카성을 함락시킵니다. 히데요리와 그의 생모 요도도노는 불타는 성루에서 할복자살로 비참하게 생을 마감합니다. 어쩔 수 없는 상황이었다고는 하지만, 자신들의 안위를 지켜 주던 유일한 수단을 스스로 해체했던 대가였습니다.

안정적인 공동체를 제 발로 나오는 결정은 오사카성의 해자를 메우는 행동과 같습니다. 원대한 포부를 안고 새 삶을 살기 위해 도전하는 것을 모두 부정하는 것은 아닙니다. 하지만 그러한 도전도 시운과 환경 등 여러 조건이 따라 주어야 합니다. 인생의 겨울에는 잘 풀리던 일조차 막히고 꼬이는 게 다반사인데, 무모하게 행동하면 후과를 장담할 수 없습니다. 혹한이 몰아닥칠 때는 차분하게 몸을 숙이면서 훗날을 도모하는 것이 좋습니다.

막힌 인생을 뚫는 법

IMF 구제금융의 여파로 수많은 가정이 깨지고 시민들이 어려움을 겪던 시기에 비교적 풍파를 비껴날 수 있었던 직종은 다름아닌 공무원이나 공공기관에 근무하던 사람들이었었습니다. 함께 허리띠는 졸라맸을지언정 사기업에 불어닥친 해고와 감원의 칼바람으로부터 자유로웠기 때문입니다. 하지만 만일 이 시기에 고용이 보장되는 공직을 떠나 새로운 사업을 하겠다고 나선다면 대부분 뜯어말릴 것입니다. 사업을 시작하더라도 경제 위기가 어느 정도 진정된 후에 착수하는 것이 더 현명한 처사이기 때문입니다.

　　인생의 겨울에는 하향지원을 하거나, 안정적인 회사를 그만두는 것과 같은 무모한 행동을 삼가야 합니다. 이것은 든든한 방벽을 스스로 허무는 짓입니다. 모든 일에는 때가 있습니다. 투지만 가지고는 대업을 이루기 어렵습니다. 겨울에는 은인자중하며 실력을 키우다 봄이 왔을 때 움직이는 것이 지혜롭습니다.

막힌 인생을 뚫는 법

29. 글 쓰고 메모하는 습관을 익히라

역사의 기원은 기원전 5,000
년 전 메소포타미아 지역에서
탄생한 수메르 문명으로 거슬
러 올라갑니다. 그런데 만일
수메르 상인이 현대 사회에
와서 애플의 '태블릿'을 들고

전자펜으로 문서를 작성하는 사람들을 보면 "어, 꽤 익숙한 모
습이네"라고 말할지 모릅니다. 수메르인들은 손바닥만 한 점토
판을 구워 납작하게 만든 다음, 여기에 뾰족한 스타일러스 펜으
로 설형문자를 기록했습니다. 수메르의 점토 태블릿은 상거래
와 공공 문서에 두루 활용됐으며, 다양한 생활 정보를 빼곡하게
기록한 태블릿이 현재도 남아 있습니다. 이러한 모습을 볼 때마
다 '하늘 아래에는 새로운 게 없다'는 말이 실감납니다.

인류의 역사는 기록의 역사입니다. 기록 문화가 없는 민족은
대부분 사멸했습니다. 하지만 문자를 통해 고유의 문화와 기술

을 전승할 수 있었던 민족은 역사의 파고를 넘어 끝까지 살아남았습니다.

메이지 시대에 태어난 사쿠마 쓰토무^{佐久間勉, 1879-1910} 대위는 일본 최초의 자체 생산 잠수정인 '제6호 잠수정'의 정장이었습니다. 일본은 잠수함이 보편적으로 활용되기 전부터 잠수함에 깊은 관심을 보였는데, 1905년 미국에서 생산된 홀랜드 잠수함을 5척 들여와 국산화를 시도하였습니다. 1910년 가와사키 공업은 마침내 일본 최초의 국산 잠수정을 생산해 냈는데 이것이 바로 쓰토무가 정장을 맡은 제6호 잠수정입니다.

1910년 4월 15일, 제6호 잠수정은 모두 14명의 승조원을 태우고 히로시마의 구레항을 떠나 테스트 항해 겸 잠항 훈련을 실시했습니다. 하지만 얼마 지나지 않아 바닷물이 선체로 스며들었습니다. 승조원들은 수동펌프를 사용해 물을 빼내고 고장 난 함정을 수리하기 위해 안간힘을 썼지만 잠수정은 끝내 가라앉고 말았습니다. 이 사건으로 쓰토무 대위를 포함한 승조원 전원이 사망하였습니다. 일본은 사고 이틀 뒤인 4월 17일 해저에 가라앉은 잠수정을 인양했는데, 수병들의 시신은 자신의 자리에서 벗어나지 않은 정위치에서 그대로 발견되었다고 합니다.

더 놀라운 건 쓰토무의 수첩이었습니다. 그는 전기도 끊기고 공기가 점차 희박해져 고통스럽게 죽어 가는 순간까지 침착하게 침몰 원인과 상황을 분석한 기록을 남겼습니다. 추후 잠수함

막힌 인생을 뚫는 법

건조와 개발에 활용하라는 취지였습니다. 깊은 해저에서 산소 부족으로 숨이 멎는 순간까지 메모를 남겼다는 사실은, 맡은 바 직무에 대한 쓰토무의 남다른 충실성을 보여 주고 있습니다. 일본의 제국주의적 만행은 용서받기 어렵지만, 이 같은 성실성과 기록에 대한 열정만큼은 새겨 볼 필요가 있습니다.

기록은 또 내러티브(narrative)를 형성하고 집단의식을 고양시켜 줍니다. 이는 공동체 정신을 구성하는 요체로서, 민족 정신으로 불리는 정체성을 정립하고 내부 결속을 이뤄 냅니다. 내러티브는 연대의식을 형성하는 데 혈통이나 지연보다 강한 효과를 나타내기도 합니다.

일례로 70년이 넘도록 이질적인 체제와 문화를 유지하는 남한과 북한은 공동체 구성원들이 함께 공유하는 내러티브가 점점 사라져 민족 동질감도 희미해지고 있습니다.

개인도 마찬가지입니다. 일기나 메모를 통해 꾸준히 일상을 기록하는 사람이 있는 반면, 그냥 흘려보내는 사람이 있습니다. 매일 경험하는 사람들의 주관적인 경험은 하나하나가 소중한 생활사(史)의 한 페이지입니다. 개인의 경험과 기록은 실로 놀라운 자산입니다. 그날의 경험을 글로 옮겨 적는 과정에서 인생을 바꾸는 깨달음을 얻을 수 있으므로 탁월한 인생을 살 수 있는 초석이 마련됩니다.

기록이 주는 유익은 말로 다할 수 없습니다. 글쓰기는 가장 문명적이고, 인간적인 활동입니다. 짐승이 글을 쓰고 문자를 기록한다는 이야기는 들어 본 적이 없습니다. 머리로 생각하는 것과, 생각을 글로 표현하는 것은 하늘과 땅 차이입니다. 독서는 정보를 수동적으로 입력하는 행위이고, 글쓰기는 정보를 능동적으로 생산하는 행위입니다. 글쓰기를 통해 막연한 생각들이 짜임새를 갖추고 실천적 아이디어로 진화합니다. 이 과정에서 사고 훈련이 이뤄지고 판단력과 통찰력도 발달하게 됩니다. 흩어져 있던 정보와 지식이 서로 연결되고 묶이면서 하나의 망(net)을 형성해 새로운 사상과 아이디어를 창조할 수 있는 환경이 만들어지기 때문입니다. 글을 쓰는 사람과 그렇지 않은 사람은 사고 능력에서 큰 격차를 나타냅니다.

매일같이 일기를 쓴다면 객관적 시점에서 자신의 삶을 관조할 수 있습니다. 과거의 경험을 돌아보면서 잘한 점과 잘못한 점을 파악하고, 스스로 성찰할 수 있는 기회를 얻을 수 있습니다. 저는 인생에서 힘든 고비를 만나거나 중요한 결정을 내려야 할 때마다 예전에 썼던 일기와 메모장을 열어 봅니다. 과거 유사한 상황에서는 어떻게 판단했는지, 그리고 결과는 어떠했는지 알아보기 위해서입니다.

"이때 왜 이렇게 판단했을까? 만일 다르게 판단했으면 더 좋은 결과를 얻었을 텐데."

"아, 이 당시에는 부질없는 것에 얽매여 있었구나. 지금은 다

막힌 인생을 뚫는 법

르게 행동해야지."

정성 들여 쓴 일기는 중요한 결정을 내릴 때마다 최고의 조언자 역할을 수행합니다. 기록하지 않는 사람은 같은 실수를 반복하게 됩니다. 그만큼 성장과 발전이 더딜 수밖에 없습니다.

『호암자전』에 나오는 이야기입니다.

이병철 회장은 섬유와 의복사업을 일으키기 위해 1954년 9월 제일모직을 설립했습니다. 당시 정부는 서독의 스핀바우 사(社)의 방직기 5천 추를 인수하는 조건으로 모직 사업을 허가했습니다. 그런데 어느 날 미국 화이팅 사(Whiting corporation) 임원이 대사관 소개로 이 회장을 찾아와 미국산 방직기를 구매해 줄 것을 강력히 요청했습니다. 이에 이 회장은 "귀사의 방직기는 한 제품을 대량으로 생산할 때는 효율적이나, 다양한 품목을 적게 생산할 때는 맞지 않는다"라며 거절했습니다. 그러자 화이팅 사 임원은 "한국이 3년 이내에 제대로 된 제품이 생산된다면 하늘을 날겠다"라고 비웃으며 모직은 입지와 기상, 수질 등 다양한 항목에서 각기 다른 전문인력이 동원되어야 하기 때문에 자신들의 기술 지도가 꼭 필요하다고 강조했습니다.

며칠 뒤 다시 찾아온 임원에게 이 회장은 서랍에서 수첩을 꺼내 모직 생산에서 반드시 점검해야 하는 48개 항목에 대해 꼼꼼하게 기록된 내용을 보여 주었습니다. 이미 핵심 내용을 빠짐없이 파악하고 있다는 취지였습니다. 깜짝 놀란 화이팅 사 임원은 두 번 다시 찾아오지 않았습니다.

이 회장은 어디를 가든 메모하고 기록하는 습관이 있었고, 회의를 할 때도 업무수첩을 적극 활용했습니다. 기록의 힘을 알고 있었기 때문입니다.

기록은 어렵게 얻은 영감(insight)이 떠나가지 않도록 붙들어 줍니다. 좋은 아이디어는 눈 깜짝할 순간에 튀어오르는 전기 불꽃과 같습니다. 어느 곳에서든 부지불식간에 떠오릅니다. 아르키메데스는 목욕을 하다 질량과 부피의 관계에 대한 통찰을 얻었고, 뉴턴은 사과가 떨어지는 모습을 보고 만유인력의 원칙을 생각해 냈습니다. 이런 아이디어는 찰나의 순간에 뇌리를 스쳐 지나가기 때문에 그때그때 적어 두지 않으면 잊어먹기 마련입니다. 아무리 좋은 아이디어나 깨달음도 적어 두지 않으면 나중에 기억해 내기 어렵습니다. 흐릿한 연필 자국이 또렷한 기억보다 오래갑니다.

항상 노트와 필기구를 휴대하고 다니면서 아이디어가 떠오를 때마다 적어 두는 습관을 길러야 합니다. 메모지를 찾을 수 없다면 휴대폰과 태블릿을 적극 활용하는 것도 좋습니다. 하지만 디지털 기기에 적은 내용을 늦게라도 다시 종이에 옮겨 적기를 추천합니다. 손 글씨가 우리 두뇌에 미치는 긍정적인 영향을 무시할 수 없습니다. 필사 행위는 시각과 언어 정보를 담당하는 뇌의 각 영역이 동시에 작동하는 정교한 과정이라는 점을 기억

막힌 인생을 뚫는 법

해야 합니다.

글쓰기는 실용적 차원을 넘어 그 자체로 인생의 겨울을 버티는 힘이 되어 주기도 합니다. '마지막 로마인'으로 불린 보에티우스Anicius Manlius Severinus Boethius, 470~524는 처형되기 전 옥살이를 하면서 자신의 대표작『철학의 위안』을 저술했습니다. 보에티우스는 억울한 죽음을 앞둔 순간에도 글쓰기를 통해 차분하게 마음을 다스릴 수 있었습니다. 그가 남긴 마지막 수양록은 이후 불후의 명작이 되어 고전의 반열에 올랐습니다.

인생의 겨울에 봉착했다면 글을 써야 합니다. 가장 어두웠던 순간을 기록한 수기는 평생에 걸쳐 큰 자산으로 활용됩니다. 어떤 상황에서 어떻게 판단을 했고, 결과는 어떻게 되었는지 상세한 내용을 적어 놓기 권합니다. 글쓰기를 통해 정서적인 회복이 일어나고, 통찰과 지혜도 얻을 수 있습니다. 무엇보다 인생의 겨울에 남긴 일지는 훌륭한 내러티브가 되어 본인과 훗날 삶을 견인하는 역할을 수행할 것입니다.

30. 단정하게 입고 부정한 상징을 멀리하라

영화 〈로스트 바탈리언〉(2001)은 1차대전 당시 적진에 고립되었다가 사투 끝에 극적으로 생환한 한 미군 부대의 실화를 담고 있습니다.

종전을 눈앞에 둔 1918년 10월 12일, 미 육군 77사단 308대대 소속 병사들은 아르곤 숲 일대에서 독일군에게 포위됩니다. 지휘관은 하버드 로스쿨 출신 변호사라는 독특한 경력을 지닌 찰스 휘틀지^{Charles White Whittlesey, 1884~1921} 소령이었습니다.

영화 초반 그는 포탄이 터지는 참호 사이를 걷다가 목 단추를 풀어헤친 병사를 보고 즉시 단추를 잠그라는 명령을 내립니다. 병사는 일어나서 옷매무새를 단정히 했는데, 이 모습을 지켜본 동료는 "부질없는 짓이야"라며 투덜거립니다.

눈앞에서 사람이 죽어 나가고 진흙탕을 기어 다니는 전장에서 목 단추를 잠그라고 명령하는 휘틀지 소령의 모습은 쉽사리 납득이 되지 않습니다. 저도 영화를 보면서 하버드 출신 장교가 유난을 떤다고 생각했으니까요.

막힌 인생을 뚫는 법

휘틀지 소령은 침착하고 유능한 지휘관이었습니다. 통신과 보급이 끊기고 탄약까지 바닥났지만 그가 지휘하는 308대대는 항복하지 않고 끝까지 견뎌 냈습니다. 덕분에 미군은 빠르게 독일 주력부대를 격파할 수 있었습니다. 당시 아군의 오인 포격을 멈추기 위해 보낸 연락용 비둘기는 죽은 뒤 박제가 되어 현재 스미스소니언 박물관에 전시돼 있습니다.

치열한 전투가 끝나고 마침내 308대대는 아군에게 구조되어 지옥 같은 숲을 빠져나오게 됩니다. 휘틀지 소령이 퇴각을 명령하자 피투성이가 된 병사들이 조용히 몸을 일으킵니다. 그리고 격렬한 전투로 엉망이 된 옷매무새를 단정하게 가다듬고 단추까지 잠근 뒤에 질서정연하게 걸어 나갑니다.

혼란스러운 상황 속에서 옷차림을 단정히 하는 것이 어떤 의미가 있었을까요? 휘틀지 소령은 왜 격전을 벌이는 병사들에게 엉뚱하게 옷매무새를 가다듬으라고 명령했을까요?

옷차림은 사고와 행동에 영향을 미칩니다. 휘틀지 소령은 적에게 포위된 힘겨운 상황에서 부대가 동요하지 않도록 기율을 확보해야 했습니다. 그리고 부하들이 군인으로서의 정체성과 자부심을 유지하기 원했습니다. 느슨하고 헤픈 모습을 보이면 질서가 빠르게 무너집니다. 휘틀지 소령은 '단정한 옷차림'을 매개로 군기를 유지하면서 부대의 사기를 높이는 데 성공했습니다. 작은 행동을 통해 위대한 결과를 이끌어 낸 것입니다.

사고방식은 옷차림에 영향을 미칩니다. 개성과 성향에 따라 옷을 입는 취향이 달라집니다. 하지만 그 반대의 경우도 성립합니다. 심리학 연구에 따르면 표정을 어떻게 짓느냐에 따라 정서도 영향을 받습니다. 인상을 찌푸리고 있으면 자연스레 기분도 우울해지게 됩니다.

옷을 어떻게 입느냐에 따라 행동과 생각이 달라집니다. 평소 활동성 강한 옷을 즐겨 입는 사람도 정장을 입으면 절도 있는 모습을 보입니다. 반대로 단정한 사람이라도 예비군복을 입으면 껄렁껄렁하게 행동하곤 합니다. 사고가 의복에 영향을 미치는 것처럼, 의복도 사고에 영향을 미칩니다.

그렇다면 인생의 겨울에는 어떤 옷차림을 해야 할까요?

흐트러짐 없는 단정한 매무새를 유지하는 것이 좋습니다. 힘들 때일수록 정갈하게 입는 것이 입어야 합니다. 단단한 사람도 고난과 역경이 거듭되면 심적으로 동요하게 됩니다. 고강도 스트레스에 반복적으로 노출되기 때문입니다. 반듯한 옷차림은 신중하고 차분한 기운을 형성합니다. 긍정적인 에너지를 북돋아 주고, 내면의 질서가 무너지지 않도록 바로잡아 줍니다. 옷을 깔끔하게 갖춰 입으면 속된 말로 '정신줄'을 놓기 쉽지 않습니다. 어려운 시기일수록 몸과 마음이 부정적인 기운에 침식당하지 않도록 힘써야 합니다.

정신이 무너진 사람들은 옷차림에 확연하게 티가 납니다. 아

막힌 인생을 뚫는 법

무리 새 옷을 사 주어도 정갈하게 입지 못합니다. 단추를 순서대로 끼우는 일조차 힘들어합니다. 복장과 정신 상태는 깊은 연관성을 가지고 있습니다.

단정함은 개성의 문제가 아닙니다. 세상과 타인을 향한 태도, 그리고 사람을 대하는 자세를 드러냅니다. 상대를 존중하지 않으면 옷도 대충 입게 됩니다. 중요한 만남 자리에 나갔는데, 상대방이 슬리퍼에 모자를 쓰고 나왔다면 불쾌한 감정을 느끼게 됩니다. 또 굳이 중요한 자리가 아니라도 지저분하게 입고 다니는 사람과 친해지고 싶은 사람은 없습니다.

기자 생활을 하다 보면 취재원들과 인터뷰를 할 일이 많습니다. 듣고 쓰는 게 일이기 때문입니다. 한번은 원로 법조인을 만나 인터뷰할 일이 생겼습니다. 그런데 그날따라 우연히 일이 몰리는 바람에 넥타이를 매는 걸 깜빡한 채 '노타이' 차림으로 가게 되었습니다. 인터뷰를 마치고 자리를 뜰 무렵, 원로 법조인이 차분한 목소리로 물었습니다.

"그런데 자네는 왜 넥타이를 하지 않았나?"

"바빠서 깜빡했습니다. 죄송합니다."

"지금 내 복장을 보게."

찬찬히 뜯어보니 그는 고령의 나이에도 옷차림에 흐트러짐이 없었습니다. 와이셔츠 단추도 끝까지 잠근 채 넥타이를 목까지 당겨 종잇장 하나 들어갈 틈이 보이지 않았습니다.

"복장에는 상대방에 대한 나의 태도가 축약되어 있다네. 내가 정성을 다한다면 상대도 반드시 예우를 해 줄 것이네. 옷차림이 별것 아니라고 생각하면 큰 오산일세. 다음부터는 꼭 갖춰서 입고 다니게. 그러면 취재도 더 수월해질 것일세."

그 뒤로 저는 인터뷰를 하러 갈 때면 언제나 좋은 옷과 넥타이를 착용하고 갔습니다. 상대방을 존중하고, 성의를 다하겠다는 뜻이었습니다. 이러한 행동으로 저는 사람들에게 좋은 인상을 남기고 호감을 얻을 수 있었습니다. 그러다 보니 더 좋은 기회와 인연도 얻을 수 있었습니다.

옷차림을 가볍게 여기면 안 됩니다. 누가 보든 말든 신독(愼獨)하는 자세로 깨끗하게 입고 바른 몸가짐을 유지하는 것이 좋습니다. 술에 취한 듯 풀어헤치거나, 과도한 노출은 지양해야 합니다. 그래야 품격을 유지하고 내면을 건강하게 유지할 수 있습니다.

인생의 겨울에는 옷차림에 더 신경 써야 합니다. 직장이 없어도 깨끗하고 단정하게 입고 다니십시오. 그러면 취직의 길이 열릴 겁니다. '옷차림은 중요하지 않다'는 말은 잘못된 가르침입니다. 몸가짐과 옷매무새도 삶의 중요한 부분 중 하나입니다. 속 빈 강정처럼 겉모습만 신경 쓰는 것은 문제이지만, 아예 옷에 관심을 두지 않는 것도 바람직하지 않습니다.

마찬가지로 부정한 상징물은 착용하지 않는 것이 좋습니다.

막힌 인생을 뚫는 법

액세서리나 몸에 새긴 문신(타투), 그림과 로고는 사람들에게 유·무형의 영향을 미칩니다.

오랜 세월 동안 인류는 상징에 실체적 힘이 존재한다고 믿었습니다. 토테미즘을 신봉하던 원시 부족들은 호랑이나 독수리 모형을 만들어 숭배하거나 몸에 그림을 새겼습니다. 의례적 행위를 통해 맹수의 힘이 전이되기를 원했기 때문입니다.

문명이 발달하면서 각종 상징도 고급스럽게 변했지만 본질은 바뀌지 않았습니다. 유럽의 왕가와 귀족 가문은 자신들의 문장에 사자와 용, 독수리 같은 상징을 넣었으며, 지금도 많은 국가나 군대의 표식에 이러한 흔적이 남아 있습니다. 약한 동물보다는 강한 동물을, 천한 징표보다는 귀한 문양을 상징으로 삼습니다.

현대 사회에서는 브랜드 로고 등 추상적 기호가 이러한 역할을 대신하기도 합니다. 기업 로고는 그 자체가 문화적 아이콘으로 자리 잡았습니다. 소비자들은 자신이 좋아하는 기업의 로고가 새겨진 옷과 신발, 전자 제품을 사용하며 그러한 상징물이 표상하는 가치가 내면화되기를 바랍니다. 애플사의 사과 로고가 대표적입니다. 애플사가 추구하는 간결함과 댄디함, 그리고 미래지향적 자세를 자기 것으로 삼고 싶은 사람들이 제품을 애용하게 됩니다.

상징에 고유한 힘이 내재되어 있는지는 알 수 없습니다. 하지만 상징에 힘이 있다고 생각하는 믿음은 실체적입니다. 상징은 어떤 방식으로든 그걸 사용하거나 접하는 사람에게 영향을 미칩니다. 되도록 나쁜 상징물을 멀리해야 하는 이유입니다. 소위 말하는 '부정 탄다'는 개념과 맥락이 닿아 있습니다.

지금은 지저분하고 부정한 상징이 넘쳐납니다. 악마와 해골이 그려진 옷을 걸치거나 마약과 난교, 심지어 살인을 찬양하는 노래가 유행합니다. 악귀나 귀신을 그린 혐오스런 문신을 새기거나, 파격을 넘어 기괴한 느낌이 드는 너절한 옷차림으로 거리를 활보하기도 합니다.

이러한 상징이 표출하는 부정적 에너지는 그것을 입은 사람에게 흡수됩니다. 나아가 그 사람의 사고와 행동에도 영향을 미칩니다. 결국 마음이 부정적인 관념과 에너지로 가득 차게 됩니다.

장난삼아 시작한 행동이 영혼을 집어삼킬 수 있습니다. 사람의 마음은 섬세하기 때문에 외물과 상징의 영향을 많이 받습니다. 겨울을 단축하고 싶다면, 좋지 않은 물건이나 나쁜 상징물을 즉시 몸에서 떼어 버려야 합니다. 단정하고 정갈한 옷매무새를 유지하고 부정한 탤리즈먼을 멀리하십시오.

31. 주술과 사이비 종교를 멀리하라

힘든 시기에는 주술과 사이비 종교에 빠져들지 않도록 유념해야 합니다. 무속과 사이비의 농간에 빠져들면 패가망신을 면치 못합니다. 그 폐해는 마약이나 도박에 비해 결코 적다고 할 수 없습니다. 약한 마음과 심령을 사로잡아 가정을 파괴하고 사업을 망치며 인생을 송두리째 절단 낼 수 있습니다.

우리 민족은 뿌리 깊은 샤머니즘 문화를 가지고 있습니다. 강령술을 통해 초혼과 접신을 주관하는 무당이 일상 깊숙이 들어와 합리적 사고를 저해하고 귀신숭배와 같은 마귀 문화의 토대를 형성하고 있습니다. 이러한 인습은 다른 종교가 들어와도 끈질기게 살아남아 혼종을 유지하면서 본질적 가치를 흐리게 합니다.

무속과 사이비의 본령은 위로자가 아닙니다. 근거 없는 주술로 타인의 삶을 착취하는 기생충이자, 국가의 발전을 가로막는 암적 존재들입니다. 심령학과 샤머니즘 따위에 심취했던 나라는 예외 없이 모두 멸망하였습니다. 애초에 비합리적 주술을 근간으로 삼고 있기 때문에 장기적 성장을 꾀할 수 있는 성장 요소가 존재하지 않습니다.

왕망王莽, BC 45~AD 23은 한나라 황실의 외척으로 권력을 잡은 뒤 제위를 찬탈하여 신(新)나라를 세웠습니다. 한미한 출신이었던 그는 우연히 얻은 외척의 지위를 이용해 궁궐에 입성했습니다. 처음에는 짐짓 겸손한 척하며 민심을 속여 사람들의 마음을 얻었습니다. 하지만 실제로는 야심만만했으며, 권력을 얻기 위해서라면 어떤 행동도 마다하지 않는 냉혈한이었습니다.

권력을 잡은 왕망은 14살 난 평제를 독살하고 두 살배기 유영을 황태자로 내세운 뒤 스스로 가(假)황제를 칭하며 정사를 쥐락펴락하였습니다. 이후 제위를 넘겨받는 선양의 형식을 빌어 마침내 역성혁명에 성공합니다. 하지만 비현실적 복고주의자였던 그는 잇따른 정책 실패와 정통성 부족으로 곤경에 빠졌습니다. 그때마다 왕망은 합리적인 진언을 물리치고 괴이한 술수에 의존하여 문제를 해결하려는 면모를 보였습니다.

결국 왕망의 실정에 반대하는 봉기가 곳곳에서 일어났습니다. 왕망의 군대는 곤양에서 한나라 황족 출신 유현이 이끄는 군대에게 크게 패하였습니다. 그런데 왕망은 황당하게도 울음으로써 하늘의 도움을 얻겠다며 전국에서 잘 우는 사람 3,000명을 뽑아 밤낮없이 통곡하게 하였습니다. 특별히 잘 우는 사람에게는 낭관이나 낭중과 같은 높은 벼슬을 내리기도 하였습니다.

결국 유현의 군대가 수도인 장안을 포위했는데, 왕망은 마지막 순간까지 '100만 명의 군대도 무릎을 꿇게 한다'는 북두칠성이 그려진 '두병'을 끌어안고 굿판을 벌이다 참살당하였습니다. 왕망이 죽자 분노한 군중들은 그의 혀를 잘라 먹고 얼굴을 짓이기는 등 시신을 끔찍하게 훼손하였습니다.

힘들고 어려운 시기에는 '점집이나 가 볼까', '용한 무당이 있다는데 상담을 받아 볼까' 하는 생각이 듭니다. 단언컨대 이러한 것들은 아무런 효험이 없습니다. 오히려 주술에 의존할수록 인생의 겨울을 극복할 가능성은 더욱 멀어집니다.

기독교 이단에서 파생된 사이비 종교들도 마찬가지입니다. 모든 사상과 이념은 씨앗이 뿌리내릴 토양이 있어야 합니다. 샤머니즘적 토대 위에 무속 신앙이 자라났듯이, 기독교인 비율이 높은 우리나라는 유난히 구원자와 메시아를 참칭하는 이단과 사이비 종교가 활개를 칩니다. 사이비는 성경 텍스트를 자의적으로 해석하고, 샤먼적 환상을 결부시켜 신도들을 끌어모읍니다. 자신을 구세주나 신의 현현으로 내세우는 엉터리 신앙으로 수많은 사람들을 미혹하고 사리사욕을 채웁니다.

전통적으로 개혁 사상에 뿌리를 둔 프로테스탄티즘 윤리는 서구 사회의 탈(脫)주술화에 크게 기여하였습니다. 로마 가톨릭의 봉건적 신앙과 토속적인 애미니즘, 샤머니즘 사상을 배격함으로써 이성과 과학이 발전할 수 있는 토대를 마련했습니다. 그러나 샤머니즘의 무서움은 어떤 종교나 사상과도 암합(暗合)할 수 있다는 데 있습니다. 우리나라에서도 샤머니즘과 결부된 개신교 이단이 극성을 부립니다. 과학적 증거나 최소한의 역사적·임상적·통계적 근거조차 제시할 수 없는 극단적 신비주의는 샤머니즘의 잔재입니다.

이런 것들에 의존하면 위기를 맞을 때마다 합리적인 해결책을 도출할 수 없습니다. 미신을 신봉하던 왕망과 크게 다르지 않습니다. 거북이 등껍질로 점복이나 하고 인신공양을 바치던 태고 시절로 정신 수준이 퇴보하게 됩니다. 이득을 보는 건 무당이나 사이비 종교인밖에 없습니다. 정상적인 믿음과 신앙의 정도를 벗어나는 것은 좋지 않습니다. 상황을 뒤집기 위해 무속과 사술에 의존하면 수렁에 빠질 수 있습니다.

인생의 겨울에는 사이비 종교인과 무당을 조심해야 합니다. 우울하고 약해지는 기간이기 때문에, 사특한 궤변에 넘어가기 쉽습니다. 한번 사이비 종교에 마음을 빼앗기면 어떤 수단을 써도 마수에서 벗어나기 어렵습니다. 처음부터 거리를 두고 멀리하는 것이 최선입니다. 무속과 사이비 종교는 지푸라기라도 잡고 싶어 하는 간절한 마음을 틈타 삶 속에 침투합니다. 가학적인 가스라이팅과 감언이설로 사람들의 심리적 경계를 허물고 정신을 포획합니다. 그 끝은 파탄과 절망뿐입니다. 절대 걸려들지 않도록 주의해야 합니다.

막힌 인생을 뚫는 법

32. 사용하지 않으면 잃는다

재능과 힘은 쓰지 않으면 잃게 됩니다.

영화 〈빠삐용(papillon)〉(1973)에는 매우 인상 깊은 장면이 나옵니다. 누명을 쓰고 감옥에 간힌 빠삐용은 탈출이 불가능한 악마의 섬에 유배되었는데, 그곳에서 의미심장한 꿈을 꾸게 됩니다. 13명의 재판관들이 사막에서 법복을 입고 빠삐용을 둘러선 가운데, 그는 자신이 결백하다고 목소리를 높입니다. 그러자 붉은 옷을 입은 재판장이 일어서서 "넌 인간으로서 가장 무거운 죄를 지었다. 그건 바로 인생을 낭비한 죄다"라고 외칩니다. 이 말을 들은 빠삐용은 힘없이 고개를 떨구고 스스로 "유죄(Guilty)"라고 말하며 돌아섭니다.

혹시 재능이 있는데도 묵혀 두고 있진 않습니까? 능력이 충분한데도 이를 활용하지 않고 방치하고 있진 않은가요?

만일 그렇다면 당신은 인생을 낭비하고 있는 겁니다. 세상에서 가장 무거운 죄를 짓고 살아가는 셈입니다. 자기 소명을 외면하면 하늘도 천명을 거두어 갑니다. 절대로 그냥 두지 않습니다. 마땅히 받을 수 있었던 복도 다른 사람에게 넘어갑니다.

「마태복음」에는 다음과 같은 예화가 나옵니다. 한 부자가 여행을 떠나기 전 세 명의 하인에게 각각 금 다섯 달란트, 두 달란트, 한 달란트를 맡깁니다. 첫 번째 하인과 두 번째 하인은 주어진 달란트로 장사를 해 두 배의 수익을 거뒀습니다. 하지만 세 번째 하인은 아무것도 하지 않고 한 달란트를 땅속에 묻어 두었다가 주인에게 그대로 돌려줬습니다. 그러자 주인은 크게 화를 내며 한 달란트마저 빼앗아 첫 번째 하인에게 주어 버립니다. 미국의 사회학자 로버트 머튼^{Robert Merton}은 이 일화에서 모티브를 얻어 가진 자가 더 많이 누리게 되는 현상을 '마태효과(Matthew Effect)'라고 이름 지었습니다.

사용하지 않으면 잃어버립니다(use it or lose it). 누구나 성과를 낼 수 있는 재능을 적어도 한 가지 이상 가지고 태어납니다. 세상을 뒤엎을 만한 뛰어난 재주가 있는 사람도 있고, 계명구도 (鷄鳴狗盜)와 같은 소박한 장기를 가진 사람도 있습니다. 재능의 종류와 크기는 중요하지 않습니다. 성과의 크기에 연연할 필요는 없습니다. 모두가 세계 최고가 될 수 없듯이, 자기에게 주어진 만큼 최선을 다해 성과를 내면 됩니다.

재물과 권력도 마찬가지입니다. 힘이 있다면 정당하게 사용해야 합니다. 권력은 사용하지 않으면 사라집니다. 바람직한 방향으로 남김없이 선용하는 것이 최선입니다. 공직에 선출되었

막힌 인생을 뚫는 법

다면 국리민복을 향상하기 위해 권력을 써야 합니다. 사회적 혜택을 많이 받아 큰 부를 일군 사람도 마찬가지입니다. 감투를 쓰고도 아무것도 하지 않거나, 부자들이 곳간을 걸어 잠그는 것은 나라의 큰 재앙입니다.

명나라의 신종 만력제^{萬曆帝, 1563~1620}는 아무것도 하지 않아 나라를 망친 암군(暗君)입니다. 10살의 나이에 제위에 오른 만력제는 처음에는 재상 장거정^{張居正, 1525~1582}의 도움을 받아 그럭저럭 정사를 펼쳐 나갔으나, 장거정이 죽고 난 뒤부터는 아무런 일도 하지 않았습니다. 하루에도 수백 건씩 황제의 결재를 요구하는 서류와 상소문이 올라왔지만 만력제는 쌓아 두기만 하고 쳐다보지 않았습니다.

답답해진 대신과 각료들이 제발 정사에 복귀해 달라며 엎드려 빌었지만 그는 아랑곳하지 않았습니다. 만력제는 이런 식으로 무려 30년 동안 전무후무한 '황제 파업'을 감행했는데 역사는 이를 만력태정(萬曆怠政)이라 부릅니다.

황제가 정사를 돌보지 않은 탓에 부강했던 명나라 국운도 크게 기울었습니다. 당시 명나라는 고도로 중앙집권화된 통치 체제를 구축하고 있었습니다. 황제의 승인 없이는 전국에 산재한 사형수들을 처형하는 것도 불가능했습니다. 그런데 30년이나 황제가 아무 일도 하지 않았으니, 나라 안팎의 사정이 어땠을지 상상하기 어렵습니다.

나중에는 신료들이 황제의 얼굴조차 잊어버릴 지경이었는데, 중앙부처 9부의 관직 31곳 중 무려 24곳이 공석이 되었습니다. 이를 두고 『명사(明史)』는 "명나라는 사실상 만력제 때 망한 것이나 다름이 없다"라고 평가합니다.

인생도 마찬가지입니다. 재능과 힘을 갖고도 쓰지 않는 사람은 만력제와 같습니다. 나태한 사람은 많은 유산을 물려받거나 뛰어난 재능이 있어도 결국 빈천해집니다. 게으름은 인생을 낭비하게 만들어 궁극적으로는 삶을 망치는 치명적 악덕입니다.

만력제와 상반되는 사례도 있습니다. 1975년, 40년 가까이 이베리아 반도를 철권으로 통치하던 프랑코 총통Franco, 1892~1975이 세상을 떠났습니다. 이후 스페인은 단계적으로 민주화 개혁을 이뤄 나갔습니다. 1977년 6월에는 40년 만에 국회의원 총선이 치러졌고, 입헌군주제와 의원내각제를 골자로 하는 개헌이 진행됐습니다.

이를 못마땅하게 여긴 군부 내 일부 세력이 1981년 국회에 난입해 국회의원 350명을 인질로 삼고 구체제를 복원하려는 이른바 '23-F' 쿠데타를 일으켰습니다.

복고 쿠데타의 핵심 인사였던 알폰소 아르마다 코민Alfonso Armada Comyn, 1920~2013 장군은 쿠데타 직후 후안 카를로스 1세Juan Carlos I 에게 직접 전화를 걸어 알현을 요청했습니다. 쿠데타 정당성에 대한 국왕의 재가를 얻기 위해서였습니다. 하지만 카를로스 1세는 그와의 만남을 거절하고, 스페인 각 지역의 군사령관들에게 연락해 파시즘 쿠데타에 동조하지 말 것을 명령합니다. 아울러 쿠데타 세력에게도 투항을 권고한 다음, 스페인군 원수 복장을 착용한 채 기자회견을 열고 '국왕은 스페인 국민이 투표로 승인한 헌법상의 민주적 절차를 무력으로 방해하려는 의도를 띤 어떤 행동도 용인하지 않겠다'는 성명을 발표합니다. 쿠데타 세력에 맞서 국왕이 직접 민주주의를 수호하겠다는 의지를 천명한 겁니다.

국왕의 단호한 조치에 쿠데타 세력은 명분을 잃고 지리멸렬하게 흩어졌습니다. 그리고 얼마 지나지 않아 모조리 체포되어 반란 혐의로 법정에 서게 되었습니다.

이 사건으로 스페인 왕실에 대한 국민적 신뢰가 급격히 상승했고, 스페인은 민주정으로의 이양을 무난하게 마칠 수 있었습니다. 비록 말년에 이런저런 실수가 드러나 국민적 존경심이 예전과 같진 않지만 아직도 많은 스페인 국민들이 당시 후안 카를로스 1세가 보여준 용기 있는 행동에 박수를 보내고 있습니다. 그는 자신에게 주어진 권한을 대의명분에 맞게 사용하여 불안했던 정국을 해소하고, 국민적 영웅으로 부상할 수 있었습니다. 만일 국왕이 두려운 마음에 복벽 쿠데타에 굴복했거나, '알아서들 하라'는 식으로 방관했다면 스페인은 또다시 어두운 과거로 회귀했을지 모릅니다.

1981년 2월 24일 오전 1시, 스페인의 후안 카를로스 1세 국왕이 군부의 파시즘 쿠데타를
거부하면서 민주주의 수호를 천명하는 성명을 발표하고 있다

막힌 인생을 뚫는 법

한편 권한과 힘을 능수능란하게 활용하여 나라를 통째로 훔친 인물도 있습니다. 바로 이오시프 스탈린^{Joseph Stalin, 1879~1953}입니다. 그는 명분과 힘을 적절히 섞어 사용하면 조직과 사람들이 알아서 복종한다는 사실을 알았습니다. 레닌과 같은 실천력도, 트로츠키와 같은 명성도 없었지만 스탈린은 이러한 조직과 힘의 견련관계를 교묘히 활용하여 권력을 낚아채었습니다.

1922년 4월 소련 공산당은 업무가 폭증하자 정치국에서 행정사무를 담당하는 서기국을 별도로 분리시켰습니다. 스탈린이 초대 서기장을 맡았는데, 이때만 해도 서기장은 실무 총책 정도의 이미지였기 때문에 정치적 위상이 그리 높지 않았습니다. 따라서 누구도 스탈린의 서기장 취임을 크게 신경 쓰지 않았습니다. 하지만 레닌이 병으로 자리에 눕자 스탈린은 서기장 자리를 적극 이용하여 당내에서 자신의 입지를 착실하게 다져 나갔습니다. 서기국 특성상 주요 인사 정보와 권한이 집중되었는데, 스탈린은 이러한 힘을 적절히 이용해 정적과 반대파를 하나씩 제거해 나갔습니다. 그 결과 당내에서 스탈린보다 훨씬 더 강한 입지를 확보하고 있던 트로츠키가 권부의 핵심에서 밀려나기 시작했습니다. 뛰어난 연설능력과 탄탄한 이론적 배경을 갖춘 트로츠키는 당시 소련을 넘어 전 세계 공산당원들에게 높은 인기를 누리고 있었습니다. 스탈린의 성장에 위협을 느낀 트로츠키는 1923년 서기국 관료주의를 극복하고 당내 민주주의를 강화해야 한다고 비판했으나, 오히려 강력한 반발에 부딪히며 힘을 잃어 가다가 끝내 실각하고 말았습니다. 이후 스탈린이 명실상부한 소련의 최고 지도자로 등극하자, 서기장은 자연스레 공산당을 대표하는 직책이 되었습니다. 이때부터 공산 국가에서는 국가 최고지도자가 서기국의 장(General secretary)을 겸임하는 문화가 자리 잡았습니다. 트로츠키와 비교할 때 스탈린은 연설 능력이나 대중적 인지도 면에서 크게 뒤떨어졌습니다. 하지만 자신의 권한과 조직을 최대한 활용하여 음모를 꾸미고 공작을 펼치는 데 있어서는 훨씬 뛰어난 재능을 발휘하였습니다. 서기장이라는 신생 직책이 우연치 않게 그에게 대어(大漁)를 안겨 준 셈입니다.

자신의 능력(권한)을 발휘하고 발전시켜 나갈 수 있는 환경을 구축해야 합니다. 사용하지 않으면 반드시 잃게 됩니다. 재능과 힘을 땅속에 묻어 두는 것은 인생을 겨울로 이끄는 행동입니다. 만력제가 태업으로 국운을 쇠하게 하였듯이 게으름은 자신의 삶을 망칩니다. 보신에 치우쳐 힘을 제대로 사용하지 않고 복지부동(伏地不動)으로 일관한다면 가진 것조차 전부 잃어버리게 될 것입니다.

막힌 인생을 뚫는 법

33. 허드렛일을 마다하지 마라

"왜 이런 하찮은 일을 해야 하는지 모르겠어요."

입사한 지 얼마 안 된 후배 기자가 대뜸 사직서를 내밀며 했던 말입니다. 영민하고 걱실걱실한 성품으로 주변의 기대를 한 몸에 받았기 때문에 적지 않게 충격을 받았습니다. 당시 몸담고 있던 곳은 작은 전문지였습니다. 주요 일간지나 방송과 달리 동정이나 행사 등 소소하고 루틴한 기사들을 작성하는 경우가 많았습니다. 재기가 넘쳤던 후배는 종종 한숨을 쉬며 이러한 기사들을 '별 가치가 없다'고 평가절하하곤 했습니다. 그는 입사 전 굵직한 메이저 신문에서 인턴 생활을 했고, 대학 졸업 후 명망 있는 언론사에 계속 지원했다 연거푸 고배를 마시고 소위 '마이너' 매체에 입사한 케이스였습니다.

기자들은 특종에 살고 특종에 죽는 존재입니다. 때때로 특종 기사 한 꼭지가 큰 파장을 일으키며 사회 변혁을 추동하기도 합니다. 제5공화국 말기 고(故) 박종철 군 고문치사 사건을 단독으로 보도한『중앙일보』신성호 기자의 1987년 1월 15일 자 기사가 대표적 사례입니다. 2단짜리 기사에 불과한 이 특종은 국민적 공분을 촉발하는 기폭제가 되었으며, 급기야 전두환 정권의 붕괴를 이끌어 냈습니다.

이러한 특종도 착실하게 기본을 닦아야 쓸 수 있습니다. 아직 여물지 않은 상태에서 특종을 쓰겠다는 것은 초보 선수가 금메달을 노리는 격입니다. 나아가 작은 기사라고 할지라도 사연의 주인공이나 당사자에게는 다른 어떤 특종보다 소중합니다. 가치는 상대적이기 때문입니다. 이러한 업무를 허드렛일로 치부한다면, 실력이 단단하게 뿌리내리기 어렵습니다. 연차가 낮을 때에는 작은 기사를 충실히 작성하며, 차곡차곡 실력을 쌓는 데 집중해야 합니다. 성실하게 취재원을 넓히며 신뢰 관계를 유지하고, 팩트와 팩트를 엮어 신선한 의미를 자아낼 수 있어야, 새로운 담론을 형성하는 힘을 얻게 됩니다.

화려한 성공이나 창대한 사업도 그 시작은 예외 없이 미약하였습니다. 아인슈타인^{Albert Einstein, 1879~1955}은 취리히 공과대학을 졸업했지만, 지도교수가 추천서를 써 주지 않아 곧바로 물리학계에 진출하지는 못했습니다. 그 대신 보험회사 직원과 수학 과외 아르바이트로 생계를 유지해야 했습니다. 그러다 친구 아버지의 주선으로 1902년 스위스 베른에 있는 특허청 말단직원으로 간신히 입사합니다. 그는 귀하게 얻은 특허청 자리에서 심사관으로 착실히 근무했습니다.

막힌 인생을 뚫는 법

당시 아인슈타인은 하루를 삼등분하여 사용했는데, 3분의 1은 특허청 업무, 3분의 1은 물리학 연구, 나머지 3분의 1은 가정에 투자했습니다. 이러한 시 분할 활동이 효과가 있었는지, 아인슈타인은 1905년에만 특수상대성 이론을 포함한 다섯 편의 논문을 발표하며 학계의 주목을 받았습니다. 뉴턴역학 시대를 종결지은 위대한 이론은 이렇게 특허청 귀퉁이에 있는 한 말단 직원의 책상에서 탄생했습니다.

한명회韓明澮, 1415-1487는 공신 집안에서 태어났으나 아버지 때부터 가세가 기울어 젊어서는 한미한 신세를 면하지 못했습니다. 그의 할아버지는 명나라에 가서 조선이라는 국호를 받아 온 문열공 한상질입니다. 한명회는 일찍이 유방선의 문하에 들어가 글을 배웠는데, 유방선으로부터 "나의 제자 중 크게 될 사람은 권람, 한명회, 서경덕이다"라는 평가를 받았습니다. 하지만 시험 운이 없었는지 과거에서 번번이 낙방했습니다. 그는 40세에 이르러서야 음서제를 통해 개성에 있는 이성계 사저를 지키는 경덕궁직에 간신히 임명됐습니다. 말이 좋아 벼슬이지, 실제로는 관직 축에도 끼지 못하는 천한 문지기 신분에 불과했습니다. 어느 날 개성에서 한양 출신 관원들이 모여 서로 돕고 지내자는 '송도계'를 만들고 주연을 열었습니다. 사람들과 어울리기 좋아하는 한명회도 그 자리에 끼기 위해 연회장을 찾았으나 '경덕궁 문지기도 벼슬이냐'는 조롱과 함께 쫓겨났다고 합니다. 그러나 수완 좋은 한명회는 친구인 권람을 통해 수양대군과 극적으로 만나게 되었습니다. 수양과의 첫 만남에서 그는 천하를 얻기 위한 구체적인 계책을 줄줄 읊었고, 감탄한 수양은 즉각 한명회를 자신의 책사로 임명했습니다. 얼마 뒤 수양대군과 김종서의 갈등이 극에 달하자 한명회는 계유정난을 획책하여 성공시킴으로서 '킹메이커'로서의 진면목을 과시합니다. 이후 세 번이나 공신 명단에 이름을 올리며 살아생전 큰 권세를 누렸습니다. 한명회가 미관말직에 머물러 있던 시절 그를 박대하고 멸시했던 관원들은 뒤늦게 땅을 치고 후회했으며, 이후 함부로 남을 깔보며 으스대는 사람을 일컬어 '송도계원'이라 부르게 됐습니다.

센고쿠(戰國) 시대를 마감하고 일본 열도를 통일한 도요토미 히데요시^{豊臣秀吉, 1537~1598}는 근본을 정확히 알 수 없을 정도로 미천한 집안에서 태어났습니다. 의붓아버지 밑에서 자란 그는 바늘장수를 비롯해 서른 개가 넘는 직장을 전전하다 우연한 기회에 오다 노부나가 집안의 심부름꾼으로 들어갑니다. 최하급 하인 신분이었지만 히데요시는 성실하고 명민한 일 처리로 신뢰를 얻었습니다. 정유재란 당시 왜군 포로로 붙잡혀 간 강항^{姜沆,} ^{1567~1618}의 기록을 보면 히데요시는 작은 물건을 살 때도 저렴한 가격에 좋은 품질의 것만 골라와 신임을 얻었다고 나와 있습니다. 히데요시의 꼼꼼하고 세심한 성품을 엿볼 수 있는 대목입니다. 이렇게 신임을 얻은 그는 승진에 승진을 거듭한 끝에 결국

막힌 인생을 뚫는 법

천하를 통일하고 당시 일본의 최고위직인 관백의 자리에 올랐습니다.

아인슈타인과 한명회, 도요토미 히데요시에게는 한 가지 공통점이 있습니다. 마음속 깊이 웅지(雄志)를 품었지만, 궂은일과 허드렛일을 마다하지 않았다는 점입니다. 인생의 겨울에는 자신이 가진 재능과 분량에 못 미치는 직책과 업무를 맡게 될 수 있습니다. 하지만 이러한 일들을 하찮게 여기며 허투루 처리해서는 안 됩니다. 이보 전진을 위한 일보 후퇴로 여기며 묵묵하고 성실하게 수행해야 합니다. 세상에 낮고 천한 일은 없습니다. 기대에 부합하지 않더라도 성장을 위한 양념으로 생각하며 일정 부분 감내해야 합니다.

현대 사회의 나쁜 풍조 중 하나는 너무 빨리 결과를 보러 한다는 점입니다. 이른 나이에 대성하거나 높은 자리로 입직하는 것은 바람직하지 않습니다. 정치권에서 경륜이 부족한 청년들을 마치 쇄신의 상징처럼 영입하고 과분한 완장을 채워 주는 경우가 종종 있는데, 이는 국가와 당사자 모두에게 공히 이롭지 않은 결과를 가져옵니다. 어처구니없는 발탁인사를 지켜보는 젊은이들은 상대적으로 박탈감을 느낄 수밖에 없고, 착실하게 과정을 밟아 가는 자신과 비교하며 자괴감에 빠질 수 있습니다. 미디어와 SNS에서도 이처럼 헛바람을 일으키는 소재와 이야깃거리가 넘쳐흐릅니다. 이러한 시류에 편승하면 은연중에 근면,

성실과 인내의 가치를 무시하게 됩니다. 자그마한 불편도 참지 못하고 툭하면 조직을 뛰쳐나와 일을 제대로 배울 기회를 놓칠 수 있습니다.

로마는 하루아침에 이루어지지 않았습니다. 작은 일을 가볍게 여기고, 자신의 업무를 하찮다고 생각하며 업신여긴다면 미래가 없습니다.

대학을 졸업하고 처음 입사했던 E기업은 국내 최대 규모의 유통 체인을 운영하고 있었습니다. E사는 대졸 신입사원들도 예외 없이 일선 지점으로 내려보내 1~2년간 현장 업무를 숙지하도록 했습니다. 각 지점에서 고객들을 맞이하고, 상품 관리와 진열, 청소까지 직접 담당하면서 돈벌이의 어려움을 몸소 깨닫게 한 것입니다. 이 당시 체득한 야전 경험은 추후 공채 인원들이 본사로 발령받아 매입과 지원업무를 수행할 때 큰 도움이 되었습니다. 나아가 직급이 높아져도 거들먹거리지 않고 하심(下心)을 익히도록 함으로써 현장과 본사의 견해가 헛돌지 않도록 잡아 주는 역할을 했습니다. 순환보직의 긍정적 효과가 컸던 것으로 기억합니다.

그러나 지금은 이러한 대졸 공채 사원의 점포실습 문화가 사라졌다고 합니다. 우연의 일치일지 모르나 최근 E사는 심각한 부진의 늪에서 헤어나지 못하고 있습니다. 유통업의 본질은 영업입니다. 젊은 시절 현장 감각과 영업 능력을 체득하지 못하

막힌 인생을 뚫는 법

면, 훗날 엉뚱한 결정을 내릴 수 있습니다.

허드렛일을 마다해서는 안 됩니다. 첫술에 배부를 수는 없습니다. 호랑이는 작은 토끼를 잡을 때조차 사력을 다합니다. 사소한 일이 주어졌다면 사소한 일대로 충실하고, 큰일이 주어졌다면 그것대로 최선을 다하면 됩니다. 성공의 열쇠는 성심(誠心)에 있습니다. 어떤 일을 하든지 성심을 다하는 사람이 복을 받고 성취를 이룹니다. 아무리 재주가 뛰어나고, 머리가 좋아도 성실하지 않은 사람은 일가를 이루기 어렵습니다. 인생의 겨울에는 작은 일일지라도 장인의 마음으로 한 땀 한 땀 정성을 다해 처리해야 합니다. 그러면 훗날 반드시 좋은 열매를 맺을 것입니다.

막힌 인생을 뚫는 법

PART 4

겨울의 끝

34. 꽃샘추위에 대비하라

겨울이 끝나면 봄이 옵니다. 기다리던 봄입니다. 하지만 봄기운이 느껴진다고 섣불리 뛰쳐나가면 다시 위험에 빠질 수 있습니다. 아직 '꽃샘추위'가 남아 있기 때문입니다. 작은 성공에 취하여 금세 목이 뻣뻣해지거나, '개구리 올챙이 적 생각 못 하고' 교만하게 행동한다면 봄이 무르익기도 전에 하느님이 다시 따뜻한 볕을 거두어 갈 수 있습니다. 오만한 마음을 품지 말고 마지막 순간까지 겸손하게 행동해야 합니다.

막힌 인생을 뚫는 법

비행기는 막 이륙하여 궤도에 오르기 전이 가장 위험합니다. 배우는 좋은 작품에 출연하여 서서히 이름을 알려 나갈 때, 기업은 재정 위기를 극복하고 브랜드를 소비자들에게 각인시켜 나갈 때, 정치인은 막 당선하여 정계에 첫발을 내딛었을 때 각별히 주의해야 합니다. 주변의 격려와 찬사를 한 몸에 받다 보면 누구나 우쭐해질 수 있습니다. 엄혹한 겨울을 견뎌 내고 성공의 디딤돌을 마련한 만큼 '내가 옳다'는 자만에 사로잡히기 쉽습니다.

이 시기에는 콤플렉스를 자극하는 주위 발언에 반응하지 않도록 주의해야 합니다. 무명의 시간을 끝내고 마침내 무대에 올라 주목을 받게 되면, 그동안 자신을 얕잡아보던 사람들에게 한껏 과시하고 싶은 마음이 들기 마련입니다. 하지만 과거 자신을 알던 사람들의 시각은 쉽게 바뀌지 않습니다. 그들은 힘들고 곤궁했던 시절의 당신을 기억하고 있기 때문입니다.

겨울을 끝내고 가까스로 봄을 맞이하여 막 기지개를 펴고 있는데, 과거의 어두웠던 모습을 기억하고 있는 사람이 예전 이야기를 꺼내며 무시하거나 폄하하는 말을 툭 꺼낸다면 순간적으로 분노가 치밀어 오르게 됩니다.

"원래 별 볼 일 없는 애인데, 지금은 조금 잘나가는가 보군."

"나보다 훨씬 형편없었어. 예전에는 여기서 아르바이트나 했던 애인걸?"

"걔보다 훨씬 괜찮은 사람들 많았는데, 어쩌다 보니 운이 좋았나 보지."

평소에 아무리 침착한 사람이라도 이런 말을 들으면 감정이 앞서 과잉 반응하게 됩니다. 겨우내 억눌렀던 설움이 폭발하기 때문입니다. 호사다마(好事多魔)입니다. 좋은 일이 생기면 반드시 나쁜 일도 따라옵니다. 과거를 들먹이며 콤플렉스를 자극하는 언사들은, 실책을 유도하여 봄이 오기를 가로막는 '악마의 속삭임'입니다. 이럴 때는 '봄볕이 드니 꽃샘추위가 왔나 보다'라고 생각하며 쿨하게 넘기는 게 최선입니다.

꽃샘추위가 찾아오면 겸(謙), 신(信), 인(忍) 세 글자를 새기며 자세를 더 낮춰야 합니다. 대부분의 폄하 발언은 시기와 질투심에서 비롯됩니다. 이런 말에는 아무런 힘이 없습니다. 험담하는 사람만 더 비참하게 만들 뿐입니다. 반응할 만한 가치가 없습니다. 만일 '내가 얼마나 달라졌는지 보여 주지'라며 칼을 뽑는 순간, 그동안 인고의 세월을 버티며 쌓아 온 명성과 어렵게 되찾은 기회가 날아갈 수 있습니다. 모기를 보고 칼을 뽑는 것은 어리석은 행동입니다.

한때 대중의 조명을 받았다가 소리 소문 없이 사라지는 연예인들이 있습니다. 대부분 인기를 조금 얻었다고 고개를 뻣뻣하게 들고 다니며 유세하다 여론의 철퇴를 맞은 경우입니다. "내가 누군데"라는 말은 세상에서 가장 비싼 다섯 글자입니다. 힘

막힌 인생을 뚫는 법

들었던 시절을 잊지 않고, 어떠한 도발에도 넘어가지 않은 채 끝까지 겸손해야 성공을 유지할 수 있습니다.

파나소닉 전자의 창업주 마쓰시다 고노스케^{松下幸之助, 1894~1989}는 아버지가 쌀 투기에 실패하여 몰락하자 어린 나이에 생업전선에 뛰어들게 됩니다. 그는 고작 10살에 센바에 있는 '고다이 자전거 상회'에 입사해 6년 동안 일을 하게 되었는데, 이 시기의 경험은 마쓰시다의 경영 철학을 형성하는 분수령이 되었습니다.

센바 지역은 도제식으로 상인(商人)을 양성하는 문화로 유명세를 떨쳤습니다. 견습사원이 가게에 입사하면 오랜 시간 예의범절과 신용, 작업 실력 등 유·무형의 가치와 기술을 체득하고, 선후배로부터 인정을 받은 뒤에야 비로소 독립 상인이 될 수 있는 문화를 가지고 있었습니다. 특히 고객에 대한 정성과 신용을 강조했는데, 고다이 자전거 상회의 주인도 단골고객이 살고 있는 집을 향해서는 다리도 뻗지 못하게 할 정도로 엄격했다고 합니다. 그때 배인 겸손은 마쓰시다가 평생에 걸쳐 지향하는 삶의 모토가 되었습니다.

그는 "다른 사람에게 머리를 더 깊이 굽힐수록 상인 기질이 강하다"라며 억만장자가 된 후에도 늘 겸손한 태도를 잃지 않았습니다. 작은 성공에 도취되어 쉽게 안하무인으로 돌변하는 우리 세대가 본받아야 할 모습입니다.

살을 에는 듯한 칼바람이 몰아치는 겨울보다 동장군이 한발 물러나고 봄기운이 무르익을 때가 더 위험합니다. 사람은 기세가 오르기 시작할 때 실수를 하기 마련입니다. 『손자병법』「시계편」에는 "일부러 얕보여서 상대를 교만하게 만들라(卑而驕之)"는 계책이 나옵니다. 교만은 패망의 선봉이기 때문입니다.

로마의 명운을 걸고 카이사르와 숙명의 대결을 펼친 폼페이우스Pompeius, BC 106~BC 48는 집정관 시절 지중해의 해적을 소탕하고, 팔레스타인과 시리아에 진출하는 등 뛰어난 업적을 달성해 위대하다는 뜻의 '마그누스'라는 칭호를 받은 인물입니다. 그는 갈리아 원정을 마친 카이사르가 군대를 해산하라는 원로원의 명령을 듣지 않고 루비콘 강을 건너자 일단 동방 속주인 그리스로 몸을 피합니다.

이후 폼페이우스는 해상 보급로를 탄탄하게 확보하고 뒤따라 추격해 온 카이사르의 군대를 따돌리면서 전과를 올립니다.

그는 갈리아 원정을 통해 풍부한 실전경험을 쌓은 카이사르 군단과 정면승부를 펼치는 것은 승산이 없다고 판단했습니다. 이러한 지연 전술은 상당히 유효했는데, 보급에서 취약점을 드러냈던 카이사르 측은 극심한 굶주림과 피로에 시달리게 되었습니다.

그런데 폼페이우스를 따라온 원로원 의원들이 문제였습니다. 공화주의를 신봉했던 의원들은 카이사르를 배격하고 폼페이우스를 지지하는 강력한 정치적 자산이었지만, 전투에서는 전혀

　　　　　　　　　　　　　　막힌 인생을 뚫는 법

도움이 되지 않았습니다. 참을성이 부족했던 원로원은 하루속히 내전을 종결짓고 로마로 복귀하고 싶은 마음밖에 없었습니다. 결국 이들은 폼페이우스에게 카이사르와 빨리 정면승부를 펼치라고 채근합니다. 폼페이우스가 주저하자 의원들은 '화려한 승리'로 대미를 장식하고 로마로 돌아가야 위신이 선다고 설득했습니다. 그동안 잘 버텨 온 폼페이우스도 순간 우쭐한 마음이 들었습니다. 그렇지 않아도 두 배 가까이 많은 병력을 보유한 데다, 소소한 전투에서 연거푸 승리를 거두어 내심 카이사르를 얕잡아보고 있던 터였습니다. BC 48년 8월 9일 결국 폼페이우스는 카이사르와 한판승부를 보기 위해 파르살루스에서 대규모 전투를 벌입니다. 이때 폼페이우스의 병력은 4만 2천 명가량이었고, 카이사르 측은 2만 3천 명이 참여했습니다. 기병대의 숫자는 폼페이우스가 7배나 많았습니다.

하지만 폼페이우스가 간과했던 사실이 있습니다. 카이사르의 군대는 북방 갈리아 지역에서 피비린내 나는 전장을 누벼 온 역전의 용사들이었습니다. 반면 폼페이우스의 군대는 훈련과 실전 경험이 부족한 지휘관과 병사들이 태반이었습니다. 결국 폼페이우스의 군대는 압도적인 수적 우위에도 불구하고 카이사르에게 참패를 당하고 말았습니다. 멋지게 승리를 장식하고 금의환향하려고 했던 폼페이우스의 꿈은 일장춘몽으로 끝났습니다. 그는 황급히 이집트로 몸을 피했지만 그곳에서 비참하게 암살

당하고 말았습니다.

차분하게 지연 전략을 펼치며 조금만 더 버티었으면 카이사르의 군대는 자멸을 면치 못할 상황이었지만, 원로원의 성급함과 폼페이우스의 교만이 일을 그르치고 말았습니다. 파르살루스 전투 이후로 사실상 로마 공화정은 막을 내리고 말았습니다.

마지막까지 긴장의 끈을 놓아서는 안 됩니다. 정상에 오르기 전에는 돌다리도 두드리고 건너가듯 신중하게 행동해야 합니다. 겨울이 완전히 물러가기 전까지 방심해서는 안 됩니다. 8부 능선을 넘었다고 해도 언제 찾아올지 모를 꽃샘추위에 대비할 필요가 있습니다.

막힌 인생을 뚫는 법

35. 겨울이 끝나는 날

겨울이 완전히 물러가고 봄기운이 완연하면, 인생은 전성기를 향하게 됩니다. 이때부터는 되는 일 없이 팍팍하기만 했던 겨울과 달리 훌륭한 조력자들과 좋은 기회가 함께 찾아옵니다.

겨울을 잘 보내는 방법에 정답은 있을 수 없습니다. 각자도생(各自圖生)이라는 말처럼 사람들은 저마다의 지혜와 기술을 이용해 힘겨운 겨울을 버티어 나갑니다.

이 책을 통해 여러 가지 방편을 전해 드렸지만 그 어떤 것도 수학 공식처럼 완전한 해법이 될 수는 없습니다.

다만 강조하고 싶은 말은 반드시 봄이 돌아온다는 희망을 절대로 잃어서는 안 된다는 것입니다. 희망을 잃고 주저앉는 순간 눈보라에 파묻힐 수 있습니다. 겨울이 찾아온 것은 당신의 잘못이 아닙니다. 운명은 뒤에서 날아온 공과 같습니다. 피할 수도 없고 예측하기도 어렵습니다. 유한한 인간은 인생의 처음과 끝을 알 수 없습니다. 다만 인내하는 과정을 통해 성숙해 나갈 따름입니다.

막힌 인생을 뚫는 법

『해리포터』의 작가 조앤 롤링^{Joan K. Rowling}은 평범한 학창 시절을 보낸 뒤 대학에서 불문학을 전공하고 포르투갈로 건너가 영어 교사로 일하게 됩니다. 그곳에서 방송국 기자를 만나 결혼하지만 혼인 생활은 순탄치 않았습니다.

다혈질인 남편은 걸핏하면 조앤에게 폭력을 휘둘렀으며, 일과 가정에도 소홀했습니다. 1993년, 결국 남편과 이혼한 그녀는 영국으로 돌아와 스코틀랜드 에든버러에 정착하였습니다. 싱글맘이 된 그녀는 일주일에 한 번 정부 보조금 70파운드(10만 원)을 받아 어렵게 생계를 꾸려 갔습니다. 단칸방에서 지내며 분유가 없어서 아이에게 맹물을 먹인 적도 있었습니다.

최악의 상황에서 그녀가 찾은 돌파구는 글쓰기였습니다. 조앤은 엘리펀트 하우스라는 카페 구석에 앉아 마법사의 이야기를 담은 소설을 쓰기 시작했습니다. 그녀는 눈칫밥을 얻어먹으며 어렵사리 완성한 『해리포터-마법사의 돌』 원고를 들고 여러 출판사를 찾아가지만 문전박대를 당했습니다. 마침내 13번째로 방문한 작은 출판사에서 그녀의 원고를 출간하기로 합니다. 잘 팔릴지 확신이 서지 않았던 그녀는 초판도 500부만 찍었습니다. 하지만 해리포터는 전 세계적으로 날개 돋친 듯 팔려 나가 그녀를 억만장자로 만들어 주었습니다. 말 그대로 역전 만루 홈런을 기록한 셈입니다.

결혼 생활에 실패하고 초라하게 귀국한 그녀 앞에 놓인 것은 생활고와 따가운 시선뿐이었습니다. 인생의 겨울과 마주한 셈이었습니다.

하지만 조앤의 겨울은 위대한 결실을 맺기 위한 준비 기간이었습니다. 험난한 파도가 뛰어난 선원을 만듭니다. 겨울은 성장과 도약의 근원을 포태하는 기간입니다. 겉으로는 모든 생명 활동이 멈춘 것처럼 보이지만, 빅뱅(big bang) 이전의 공허 기간에 팽창을 위한 에너지 응축이 이뤄졌듯이, 겨울에는 내적으로 기운이 집중되어 정수(精髓)가 형성됩니다.

겨울을 뛰어넘으면 한 단계 높은 진보를 이룩할 수 있습니다. 중품은 상품이 되고, 상품은 특품이 됩니다. 균열을 극복한 비자반이 아무런 흠이 없는 제품보다 더 값진 특급품 취급 받는 것과 같은 이치입니다.

겨울은 반드시 지나갑니다. 밤이 지나면 아침이 오고, 겨울이 끝나면 봄이 오는 것이 순리입니다. 누구도 이러한 순환을 막을 수 없습니다. 생존에 집중하여 살아남기만 하면 반드시 승리합니다.

겨울을 현명하게 보내는 방법은 언행과 행동을 삼가고 불필요한 인연을 정리하는 한편, 겸손하고 감사한 마음가짐을 유지하는 것으로 요약할 수 있습니다.

겨울이 분명 혹독하고 어려운 시기입니다. 하지만 너무 두려워할 필요는 없습니다. 차분하게 대응하면서 성장을 위한 발판

막힌 인생을 뚫는 법

으로 삼는다면 전화위복의 계기가 될 것입니다.

용기를 내십시오. 절대로 포기하지 마십시오. 봄은 반드시 옵니다.

막힌 인생을 뚫는 법